온 가족이 함께하는

누가복음 따라쓰기

AGAPE

[주]아가페출판사

누가복음 따라쓰기를 시작하시는 분들께

누가복음은 A.D. 60-63년 경, 사도 바울의 충실한 동역자 중 하나였던 누가에 의해 기록되었습니다. 데오빌로에 대한 인사로 시작되지만, 사복음서 중에서 가장 이해하기 쉽게 쓰인 책으로 복음이 유대인과 이방인 모두를 위한 것임을 알리고 있습니다.

『누가복음 따라쓰기』를 통해 인간의 모습으로 우리에게 오신 하나님, 예수님을 만나보십시오. 가난하고 병든 자, 억눌리고 소외된 자를 위해 성육신하신 참 하나님의 사랑을 누릴 수 있을 것입니다.

---

1 기도로 시작하세요.
한 글자 한 글자를 쓰는 동안, 살아있는 하나님의 말씀이 내 안에 들어올 수 있도록 기도합니다.

2 말씀의 의미를 마음에 새기면서 쓰세요.
단순히 한 번 쓰는 것이 목적이 아닙니다. 말씀의 의미를 이해하면서 써나갈 수 있도록 주의를 기울이세요.

3 다 쓰고 나면 꼭 말씀을 묵상하세요.
묵상이란 말씀을 깊이 생각하면서 내 것으로 만드는 시간입니다. 쓰기를 마친 후에는 말씀이 내게 주시는 깨달음에 대해 묵상하는 시간을 꼭 가지세요.

4 적당한 분량을 정해놓고 매일 꾸준히 쓰세요.
한꺼번에 많은 양을 쓰려고 하지 마세요. 적당한 분량을 매일 꾸준히 쓰는 것이 중요합니다.

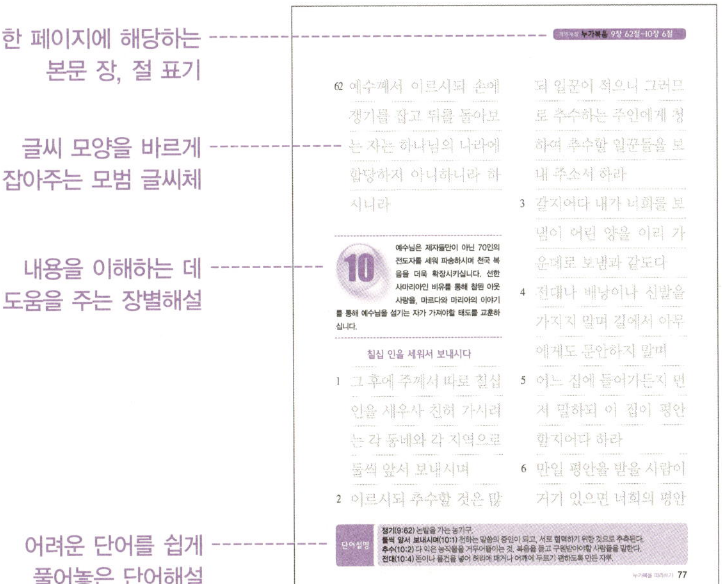

1

누가는 다른 복음서들과는 달리 예수님이 태어나시기 전에 천사가 세례 요한의 출생을 예고하고 예수님이 태어나실 것을 마리아에게 알려주는 내용을 자세히 기록하고 있습니다. 하나님께서 오래 전에 약속하신 구원이 세례 요한의 출생을 시작으로 비로소 실현되고 있습니다.

데오빌로 각하에게

1 우리 중에 이루어진 사실
에 대하여
2 처음부터 목격자와 말씀
의 일꾼 된 자들이 전하
여 준 그대로 내력을 저
술하려고 붓을 든 사람이
많은지라
3 그 모든 일을 근원부터
자세히 미루어 살핀 나도
데오빌로 각하에게 차례
대로 써 보내는 것이 좋
은 줄 알았노니
4 이는 각하가 알고 있는
바를 더 확실하게 하려
함이로라

세례 요한의 출생을 예고하다

5 유대 왕 헤롯 때에 아비
야 반열에 제사장 한 사
람이 있었으니 이름은 사
가랴요 그의 아내는 아론
의 자손이니 이름은 엘리
사벳이라
6 이 두 사람이 하나님 앞
에 의인이니 주의 모든
계명과 규례대로 흠이 없

단어설명

내력(1:2) 지금까지 지내온 경로나 경력.
데오빌로(1:3) 누가가 누가복음과 사도행전을 기록하여 전해주었던 사람으로, 로마 관리나 기사 계급으로 추정하며 복음을 차례대로 알 필요가 있는 이방인 개종자로 본다.
반열(1:5) 신분, 등급의 차례를 말한다.

이 행하더라
7 엘리사벳이 잉태를 못하
므로 그들에게 자식이 없
고 두 사람의 나이가 많
더라
8 마침 사가랴가 그 반열의
차례대로 하나님 앞에서
제사장의 직무를 행할새
9 제사장의 전례를 따라 제
비를 뽑아 주의 성전에
들어가 분향하고
10 모든 백성은 그 분향하는
시간에 밖에서 기도하더
니
11 주의 사자가 그에게 나타
나 향단 우편에 선지라
12 사가랴가 보고 놀라며 무
서워하니
13 천사가 그에게 이르되 사
가랴여 무서워하지 말라
너의 간구함이 들린지라
네 아내 엘리사벳이 네게
아들을 낳아 주리니 그
이름을 요한이라 하라
14 너도 기뻐하고 즐거워할
것이요 많은 사람도 그의
태어남을 기뻐하리니
15 이는 그가 주 앞에 큰 자
가 되며 포도주나 독한
술을 마시지 아니하며 모

단어설명

계명(1:6) 일반적으로 종교에서 반드시 지켜야 할 조건을 말한다. 여기서는 율법을 뜻한다.
제사장의 직무(1:8) 아침저녁으로 드리는 제사와 분향을 말한다. 당시에는 약 18,000명의 제사장들이 제비를 뽑아 업무를 나누어 맡았다.
분향(1:9) 기도의 상징으로 향을 피워 올렸다. 분향하는 동안 사람들은 밖에 서서 기도했다.

태로부터 성령의 충만함
을 받아
16 이스라엘 자손을 주 곧
그들의 하나님께로 많이
돌아오게 하겠음이라
17 그가 또 엘리야의 심령과
능력으로 주 앞에 먼저
와서 아버지의 마음을 자
식에게, 거스르는 자를
의인의 슬기에 돌아오게
하고 주를 위하여 세운
백성을 준비하리라
18 사가랴가 천사에게 이르
되 내가 이것을 어떻게
알리요 내가 늙고 아내도
나이가 많으니이다
19 천사가 대답하여 이르되
나는 하나님 앞에 서 있
는 가브리엘이라 이 좋은
소식을 전하여 네게 말하
라고 보내심을 받았노라
20 보라 이 일이 되는 날까
지 네가 말 못하는 자가
되어 능히 말을 못하리니
이는 네가 내 말을 믿지
아니함이거니와 때가 이
르면 내 말이 이루어지리
라 하더라
21 백성들이 사가랴를 기다
리며 그가 성전 안에서

단어설명

엘리야(1:17) 구약의 선지자로, 죽지 않고 회오리바람을 타고 승천했다. 그의 사역은 열왕기상, 열왕기하에 기록되어 있다.
슬기(1:17) 사리를 바르게 판단하고 일을 잘 처리해 내는 재능.
가브리엘(1:19) 미가엘과 함께 성경에 이름이 나오는 특별한 천사. 하나님의 말씀을 전달하는 역할을 한다.

지체함을 이상히 여기더
라
22 그가 나와서 그들에게 말
을 못하니 백성들이 그가
성전 안에서 환상을 본
줄 알았더라 그가 몸짓으
로 뜻을 표시하며 그냥
말 못하는 대로 있더니
23 그 직무의 날이 다 되매
집으로 돌아가니라
24 이후에 그의 아내 엘리사
벳이 잉태하고 다섯 달
동안 숨어 있으며 이르되
25 주께서 나를 돌보시는 날
에 사람들 앞에서 내 부
끄러움을 없게 하시려고
이렇게 행하심이라 하더
라

예수의 나심을 예고하다

26 여섯째 달에 천사 가브리
엘이 하나님의 보내심을
받아 갈릴리 나사렛이란
동네에 가서
27 다윗의 자손 요셉이라 하
는 사람과 약혼한 처녀에
게 이르니 그 처녀의 이
름은 마리아라
28 그에게 들어가 이르되 은
혜를 받은 자여 평안할지
어다 주께서 너와 함께

단어설명

잉태(1:24) 임신과 같은 뜻.
다윗의 자손 요셉(1:27) 요셉과 마리아는 둘 다 다윗의 자손이었다. 다윗의 후손 가운데 메시아를 보내시겠다는 하나님의 약속이 이루어진 것이다.
함께 하시도다(1:28) 구약시대의 인사말로, '주께서 그대를 도와주시리라' 는 뜻이다.

하시도다 하니
29 처녀가 그 말을 듣고 놀
라 이런 인사가 어찌함인
가 생각하매
30 천사가 이르되 마리아여
무서워하지 말라 네가 하
나님께 은혜를 입었느니
라
31 보라 네가 잉태하여 아들
을 낳으리니 그 이름을
예수라 하라
32 그가 큰 자가 되고 지극
히 높으신 이의 아들이라
일컬어질 것이요 주 하나
님께서 그 조상 다윗의
왕위를 그에게 주시리니
33 영원히 야곱의 집을 왕으
로 다스리실 것이며 그
나라가 무궁하리라
34 마리아가 천사에게 말하
되 나는 남자를 알지 못
하니 어찌 이 일이 있으
리이까
35 천사가 대답하여 이르되
성령이 네게 임하시고 지
극히 높으신 이의 능력이
너를 덮으시리니 이러므
로 나실 바 거룩한 이는
하나님의 아들이라 일컬
어지리라

단어설명

야곱의 집(1:33) 이스라엘을 말하며, 영적으로는 예수님을 왕으로 섬기는 모든 사람을 뜻한다.
무궁하다(1:33) 공간이나 시간이 끝이 없다.
거룩(1:35) 일반적으로 '뜻이 매우 높고 위대하다' 는 뜻이나 기독교에서는 하나님의 완전하심 또는 성도들이 세속적인 것들로부터 구별됨을 뜻한다.

36 보라 네 친족 엘리사벳도
늙어서 아들을 배었느니
라 본래 임신하지 못한다
고 알려진 이가 이미 여
섯 달이 되었나니
37 대저 하나님의 모든 말씀
은 능하지 못하심이 없느
니라
38 마리아가 이르되 주의 여
종이오니 말씀대로 내게
이루어지이다 하매 천사
가 떠나가니라

마리아가 엘리사벳을 방문하다

39 이 때에 마리아가 일어나
빨리 산골로 가서 유대
한 동네에 이르러
40 사가랴의 집에 들어가 엘
리사벳에게 문안하니
41 엘리사벳이 마리아가 문
안함을 들으매 아이가 복
중에서 뛰노는지라 엘리
사벳이 성령의 충만함을
받아
42 큰 소리로 불러 이르되
여자 중에 네가 복이 있
으며 네 태중의 아이도
복이 있도다
43 내 주의 어머니가 내게
나아오니 이 어찌 된 일
인가

단어설명

대저(1:37) 대체로 보아서.
문안(1:40) 안부를 묻고 인사하는 것. 때로 후하게 대접하고 모시는 것을 포함하기도 한다.
복중에서 뛰노는지라(1:41) 단순한 아기의 움직임이 아니라 세례 요한이 메시아를 만난 기쁨으로 반응하고 있는 것을 말한다.

44 보라 네 문안하는 소리가
내 귀에 들릴 때에 아이
가 내 복중에서 기쁨으로
뛰놀았도다
45 주께서 하신 말씀이 반드
시 이루어지리라고 믿은
그 여자에게 복이 있도다

마리아의 찬가

46 마리아가 이르되
내 영혼이 주를 찬양
하며
47 내 마음이 하나님 내
구주를 기뻐하였음은
48 그의 여종의 비천함을
돌보셨음이라 보라 이
제 후로는 만세에 나
를 복이있다 일컬으리
로다
49 능하신 이가 큰일을
내게 행하셨으니 그
이름이 거룩하시며
50 긍휼하심이 두려워하
는 자에게 대대로 이
르는도다
51 그의 팔로 힘을 보이
사 마음의 생각이 교
만한 자들을 흩으셨고
52 권세 있는 자를 그 위
에서 내리치셨으며 비
천한 자를 높이셨고

단어설명

비천함(1:48) 신분 등이 낮고 보잘 것 없음.
만세(1:48) 여러 대에 걸친 오랜 세월, 영원한 세월을 가리킨다.
긍휼(1:50) 불쌍히 여겨 돌보아주는 것, 또는 그렇게 하고자 하는 자비한 마음.
교만한 자들(1:51) 하나님이 아닌 자신의 힘과 능력을 의지하는 사람들.

53 주리는 자를 좋은 것
으로 배불리셨으며 부
자는 빈 손으로 보내
셨도다
54 그 종 이스라엘을 도
우사 긍휼히 여기시고
기억하시되
55 우리 조상에게 말씀하
신 것과 같이 아브라
함과 그 자손에게 영
원히 하시리로다
하니라
56 마리아가 석 달쯤 함께
있다가 집으로 돌아가니
라

세례 요한의 출생

57 엘리사벳이 해산할 기한
이 차서 아들을 낳으니
58 이웃과 친족이 주께서
그를 크게 긍휼히 여기
심을 듣고 함께 즐거워
하더라
59 팔 일이 되매 아이를 할
례하러 와서 그 아버지의
이름을 따라 사가랴라 하
고자 하더니
60 그 어머니가 대답하여 이
르되 아니라 요한이라 할
것이라 하매
61 그들이 이르되 네 친족

단어설명

해산(1:57) 아이를 낳음.
할례(1:59) 남자 아이가 태어난 지 여드레 만에 생식기 끝의 껍질을 자르는 의식.
그 아버지의 이름을 따라 (1:59) 유대인들은 가족이나 친척 중에 존경받는 사람의 이름을 아이에게 붙이는 관습이 있었다.

중에 이 이름으로 이름
한 이가 없다 하고
62 그의 아버지께 몸짓하여
무엇으로 이름을 지으려
하는가 물으니
63 그가 서판을 달라 하여
그 이름을 요한이라 쓰매
다 놀랍게 여기더라
64 이에 그 입이 곧 열리고
혀가 풀리며 말을 하여
하나님을 찬송하니
65 그 근처에 사는 자가 다
두려워하고 이 모든 말이
온 유대 산골에 두루 퍼
지매
66 듣는 사람이 다 이 말을
마음에 두며 이르되 이
아이가 장차 어찌 될까
하니 이는 주의 손이 그
와 함께 하심이러라

사가랴의 예언

67 그 부친 사가랴가 성령의
충만함을 받아 예언하여
이르되
68 찬송하리로다 주 이스
라엘의 하나님이여 그
백성을 돌보사 속량하
시며
69 우리를 위하여 구원의
뿔을 그 종 다윗의 집

단어설명

서판(1:63) 작은 나무판에 밀랍을 칠해서 날카로운 나무나 금속으로 글을 쓰게 만든 판.
주의 손(1:66) 하나님의 능력을 의미한다.
속량(1:68) '몸값을 받고 놓아주다' 라는 뜻으로, 예수님이 인간의 죗값을 대신 치르심으로, 그들을 구원하신 것을 의미한다.

에 일으키셨으니
70 이것은 주께서 예로부
터 거룩한 선지자의
입으로 말씀하신 바와
같이
71 우리 원수에게서와 우
리를 미워하는 모든
자의 손에서 구원하시
는 일이라
72 우리 조상을 긍휼히
여기시며 그 거룩한
언약을 기억하셨으니
73 곧 우리 조상 아브라
함에게 하신 맹세라
74 우리가 원수의 손에서
건지심을 받고
75 종신토록 주의 앞에서
성결과 의로 두려움이
없이 섬기게 하리라
하셨도다
76 이 아이여 네가 지극
히 높으신 이의 선지
자라 일컬음을 받고
주 앞에 앞서 가서 그
길을 준비하여
77 주의 백성에게 그 죄
사함으로 말미암는 구
원을 알게 하리니
78 이는 우리 하나님의
긍휼로 인함이라 이로

단어설명

선지자(1:70) 하나님의 계시로 닥쳐올 일을 미리 알아 백성들에게 전하고 인도하는 사람.
거룩한 언약(1:72) 아브라함의 후손을 통해 모든 사람이 구원을 얻게 된다는 하나님의 약속.
종신(1:75) 살아있는 동안, 죽을 때까지를 의미한다.
성결(1:75) '거룩'과 비슷한 의미로, 구원받은 사람의 경건함과 깨끗함을 말한다.

써 돋는 해가 위로부
터 우리에게 임하여
79 어둠과 죽음의 그늘에
앉은 자에게 비치고
우리 발을 평강의 길
로 인도하시리로다
하니라
80 아이가 자라며 심령이 강
하여지며 이스라엘에게
나타나는 날까지 빈 들에
있으니라

2

예수님의 탄생 예언이 이뤄집니다. 베들레헴의 마구간에서 가장 낮은 모습으로 태어나신 예수님께 목자들이 찾아와 경배를 올립니다. 한편 메시아를 기다리던 시므온과 안나는 정결 예식을 위해 예루살렘에 온 아기 예수님을 만납니다.

예수의 나심

1 그 때에 가이사 아구스도
가 영을 내려 천하로 다
호적하라 하였으니
2 이 호적은 구레뇨가 수리
아 총독이 되었을 때에
처음 한 것이라
3 모든 사람이 호적하러 각
각 고향으로 돌아가매
4 요셉도 다윗의 집 족속이
므로 갈릴리 나사렛 동네
에서 유대를 향하여 베들
레헴이라 하는 다윗의 동
네로
5 그 약혼한 마리아와 함께

단어설명

평강(1:79) 평안.
심령(1:80) 마음과 영혼을 모두 가리키는 말.
가이사 아구스도(2:1) 제정 로마 시대의 최초의 황제 옥타비아누스를 가리킨다.
호적(2:1) 세금을 걷기 위한 목적의 인구조사였다.

호적하러 올라가니 마리
아가 이미 잉태하였더라
6 거기 있을 그 때에 해산
할 날이 차서
7 첫아들을 낳아 강보로 싸
서 구유에 뉘었으니 이는
여관에 있을 곳이 없음이
러라

목자들이 예수 탄생 소식을 듣다

8 그 지역에 목자들이 밤에
밖에서 자기 양 떼를 지
키더니
9 주의 사자가 곁에 서고
주의 영광이 그들을 두루
비추매 크게 무서워하는
지라
10 천사가 이르되 무서워하
지 말라 보라 내가 온 백
성에게 미칠 큰 기쁨의
좋은 소식을 너희에게 전
하노라
11 오늘 다윗의 동네에 너희
를 위하여 구주가 나셨으
니 곧 그리스도 주시니라
12 너희가 가서 강보에 싸여
구유에 뉘어 있는 아기를
보리니 이것이 너희에게
표적이니라 하더니
13 홀연히 수많은 천군이 그
천사와 함께 하나님을 찬

단어설명

강보(2:7) 포대기.
구유(2:7) 소나 말 따위의 가축들에게 먹이를 담아 주는 그릇.
목자들(2:8) 당시 목자들은 아주 천한 직업이었고 가난한 사람들이었으나, 최초로 복음을 듣고 예수님을 만난 사람들이 되었다.

송하여 이르되
14 지극히 높은 곳에서는
하나님께 영광이요 땅
에서는 하나님이 기뻐
하신 사람들 중에 평
화로다
하니라
15 천사들이 떠나 하늘로 올
라가니 목자가 서로 말하
되 이제 베들레헴으로 가
서 주께서 우리에게 알리
신 바 이 이루어진 일을
보자 하고
16 빨리 가서 마리아와 요셉
과 구유에 누인 아기를
찾아서
17 보고 천사가 자기들에게
이 아기에 대하여 말한
것을 전하니
18 듣는 자가 다 목자들이
그들에게 말한 것들을 놀
랍게 여기되
19 마리아는 이 모든 말을
마음에 새기어 생각하니
라
20 목자들은 자기들에게 이
르던 바와 같이 듣고 본
그 모든 것으로 인하여
하나님께 영광을 돌리고
찬송하며 돌아가니라

단어설명

지극히(2:14) 더할 나위 없이 아주.
영광(2:14) 빛나고 아름다운 영예.
사람들 중에 평화(2:14) 죄로 인해 깨어졌던 하나님과 인간 사이의 관계가 예수님을 통해 회복되는 것을 찬양하는 것이다.

21 할례할 팔 일이 되매 그
이름을 예수라 하니 곧
잉태하기 전에 천사가 일
컬은 바러라

아기 예수의 정결예식

22 모세의 법대로 정결예식
의 날이 차매 아기를 데리
고 예루살렘에 올라가니
23 이는 주의 율법에 쓴 바
첫 태에 처음 난 남자마
다 주의 거룩한 자라 하
리라 한 대로 아기를 주
께 드리고
24 또 주의 율법에 말씀하신
대로 산비둘기 한 쌍이나
혹은 어린 집비둘기 둘로
제사하려 함이더라
25 예루살렘에 시므온이라
하는 사람이 있으니 이
사람은 의롭고 경건하여
이스라엘의 위로를 기다
리는 자라 성령이 그 위
에 계시더라
26 그가 주의 그리스도를 보
기 전에는 죽지 아니하리
라 하는 성령의 지시를
받았더니
27 성령의 감동으로 성전에
들어가매 마침 부모가 율
법의 관례대로 행하고자

단어설명

정결예식(2:22) 아이를 낳은 어머니는 율법이 정한 때에 제사장에게 가서 번제와 속죄제를 드리는 예식을 치렀다.
그리스도(2:26) '기름부음 받은 자' 라는 뜻으로, 이스라엘 백성을 구원할 자라는 의미.
관례(2:27) 전부터 행하며 전해 내려오던 것이 관습으로 굳어진 것.

하여 그 아기 예수를 데
리고 오는지라
28 시므온이 아기를 안고 하
나님을 찬송하여 이르되
29 주재여 이제는 말씀하
신대로 종을 평안히
놓아 주시는도다
30 내 눈이 주의 구원을
보았사오니
31 이는 만민 앞에 예비
하신 것이요
32 이방을 비추는 빛이요
주의 백성 이스라엘의
영광이니이다
하니

33 그의 부모가 그에 대한
말들을 놀랍게 여기더라
34 시므온이 그들에게 축복
하고 그의 어머니 마리아
에게 말하여 이르되 보라
이는 이스라엘 중 많은
사람을 패하거나 흥하게
하며 비방을 받는 표적이
되기 위하여 세움을 받았
고
35 또 칼이 네 마음을 찌르
듯 하리니 이는 여러 사
람의 마음의 생각을 드러
내려 함이니라 하더라
36 또 아셀 지파 바누엘의

단어설명

주재(2:29) 책임지고 맡아 처리함. 또는 그렇게 하는 사람. 성경에서는 주로 하나님을 가리킨다.
이방을 비추는 빛(2:32) 예수님은 모든 사람을 구원하여 생명으로 인도하시는 참 빛이시다.
비방을 받는 표적(2:34) 이사야가 메시아를 고난 받는 종으로 묘사한 것처럼 예수님이 유대인과 이방인들에게 모욕과 비방을 받으실 것을 말한다.

딸 안나라 하는 선지자가
있어 나이가 매우 많았더
라 그가 결혼한 후 일곱
해 동안 남편과 함께 살
다가
37 과부가 되고 팔십사 세가
되었더라 이 사람이 성전
을 떠나지 아니하고 주야
로 금식하며 기도함으로
섬기더니
38 마침 이 때에 나아와서
하나님께 감사하고 예루
살렘의 속량을 바라는 모
든 사람에게 그에 대하여
말하니라
39 주의 율법을 따라 모든
일을 마치고 갈릴리로 돌
아가 본 동네 나사렛에
이르니라
40 아기가 자라며 강하여지
고 지혜가 충만하며 하나
님의 은혜가 그의 위에
있더라

열두 살 시절의 예수

41 그의 부모가 해마다 유월
절이 되면 예루살렘으로
가더니
42 예수께서 열두 살 되었을
때에 그들이 이 절기의
관례를 따라 올라갔다가

단어설명

금식(2:37) 오랫동안 먹는 것(때로는 마시는 것까지)을 절제하는 것. 유대인들은 금식을 중요한 경건의 표시로 생각했다.
마침(2:38) 시므온과 안나가 성령의 인도를 따라 예수님을 만난 것임을 강조하는 표현이다.
유월절(2:41) 유대인들이 애굽에서 해방된 날을 기념하는 절기다.

43 그 날들을 마치고 돌아갈
때에 아이 예수는 예루살
렘에 머무셨더라 그 부모
는 이를 알지 못하고
44 동행 중에 있는 줄로 생
각하고 하룻길을 간 후
친족과 아는 자 중에서
찾되
45 만나지 못하매 찾으면서
예루살렘에 돌아갔더니
46 사흘 후에 성전에서 만난
즉 그가 선생들 중에 앉
으사 그들에게 듣기도 하
시며 묻기도 하시니
47 듣는 자가 다 그 지혜와
대답을 놀랍게 여기더라
48 그의 부모가 보고 놀라며
그의 어머니는 이르되 아
이야 어찌하여 우리에게
이렇게 하였느냐 보라 네
아버지와 내가 근심하여
너를 찾았노라
49 예수께서 이르시되 어찌
하여 나를 찾으셨나이까
내가 내 아버지 집에 있
어야 될 줄을 알지 못하
셨나이까 하시니
50 그 부모가 그가 하신 말
씀을 깨닫지 못하더라
51 예수께서 함께 내려가사

단어설명

동행(2:44) 강도나 들짐승의 위협을 피하기 위해 순례객들은 큰 무리를 지어서 움직였다.
선생들(2:46) 회당에서 율법을 가르치던 랍비들.
내 아버지(2:49) 예수님께서 하나님을 자신의 '아버지'라고 부른 것은 그가 바로 '하나님의 영원하신 아들'이심을 알려준다.

나사렛에 이르러 순종하
여 받드시더라 그 어머니
는 이 모든 말을 마음에
두니라
52 예수는 지혜와 키가 자라
가며 하나님과 사람에게
더욱 사랑스러워 가시더
라

3

세례 요한의 전도는 형식과 행위만 있는 종교생활이 아닌 진실한 마음의 회개와 실천적인 생활을 강조하고 있습니다. 예수님은 요한에게 세례를 받으시며 요한의 사역을 인정하셨을 뿐 아니라 인류 구원을 위해 하나님의 뜻에 순종하는 의지를 나타내셨습니다.

세례 요한의 전파

1 디베료 황제가 통치한 지
열다섯 해 곧 본디오 빌
라도가 유대의 총독으로,
헤롯이 갈릴리의 분봉 왕
으로, 그 동생 빌립이 이
두래와 드라고닛 지방의
분봉 왕으로, 루사니아가
아빌레네의 분봉 왕으로,
2 안나스와 가야바가 대제
사장으로 있을 때에 하나
님의 말씀이 빈 들에서
사가랴의 아들 요한에게
임한지라
3 요한이 요단 강 부근 각
처에 와서 죄 사함을 받
게 하는 회개의 세례를
전파하니

단어설명

분봉 왕(3:1) 나라의 1/4을 다스리는 왕.
대제사장(3:2) 하나님과 사람 사이의 중개자 역할을 하며, 예배를 준비하고 진행하는 사람. 다른 제사장들보다 높은 수준의 성결이 요구되며, 이스라엘 백성의 죄를 대속하는 예배를 드렸다.
전파(3:3) 어떠한 소식이나 가르침 등을 전하여 널리 퍼뜨림.

4 선지자 이사야의 책에 쓴
바
광야에서 외치는 자의
소리가 있어 이르되
너희는 주의 길을 준
비하라 그의 오실 길
을 곧게 하라
5 모든 골짜기가 메워지
고 모든 산과 작은 산
이 낮아지고 굽은 것
이 곧아지고 험한 길
이 평탄하여질 것이요
6 모든 육체가 하나님의
구원하심을 보리라
함과 같으니라

7 요한이 세례 받으러 나아
오는 무리에게 이르되 독
사의 자식들아 누가 너희
에게 일러 장차 올 진노
를 피하라 하더냐
8 그러므로 회개에 합당한
열매를 맺고 속으로 아브
라함이 우리 조상이라 말
하지 말라 내가 너희에게
이르노니 하나님이 능히
이 돌들로도 아브라함의
자손이 되게 하시리라
9 이미 도끼가 나무 뿌리에
놓였으니 좋은 열매 맺지
아니하는 나무마다 찍혀

단어설명

이사야(3:4) 남유다 왕국에서 주로 활동했던 구약의 대 선지자이다. 그의 사역과 예언들은 이사야서에 기록되어 있다.
세례(3:7) 죄를 물로 씻어 없앰을 상징하는 의식. 자신의 죄를 고백하고, 용서를 받았음을 뜻함.
회개(3:8) 잘못을 완전히 뉘우치며 하나님의 뜻대로 살고자 돌이키는 것이다.

불에 던져지리라
10 무리가 물어 이르되 그러
면 우리가 무엇을 하리이
까
11 대답하여 이르되 옷 두
벌 있는 자는 옷 없는 자
에게 나눠 줄 것이요 먹
을 것이 있는 자도 그렇
게 할 것이니라 하고
12 세리들도 세례를 받고자
하여 와서 이르되 선생이
여 우리는 무엇을 하리이
까 하매
13 이르되 부과된 것 외에는
거두지 말라 하고
14 군인들도 물어 이르되 우
리는 무엇을 하리이까 하
매 이르되 사람에게서 강
탈하지 말며 거짓으로 고
발하지 말고 받는 급료를
족한 줄로 알라 하니라
15 백성들이 바라고 기다리
므로 모든 사람들이 요한
을 혹 그리스도신가 심중
에 생각하니
16 요한이 모든 사람에게 대
답하여 이르되 나는 물로
너희에게 세례를 베풀거
니와 나보다 능력이 많으
신 이가 오시나니 나는

단어설명

세리(3:12) 세금을 거두어들이는 관리로 로마를 위해 일하며 부당하게 많은 세금을 거둬가기도 하여 유대 사람들의 미움을 받았다.
강탈(3:14) 남의 물건이나 권리를 강제로 빼앗음.
고발(3:14) 잘 알려지지 않은 잘못이나 비리 따위를 드러내어 알림.

그의 신발끈을 풀기도 감
당하지 못하겠노라 그는
성령과 불로 너희에게 세
례를 베푸실 것이요
17 손에 키를 들고 자기의
타작마당을 정하게 하사
알곡은 모아 곳간에 들이
고 쭉정이는 꺼지지 않는
불에 태우시리라
18 또 그밖에 여러 가지로
권하여 백성에게 좋은 소
식을 전하였으나
19 분봉 왕 헤롯은 그의 동
생의 아내 헤로디아의 일
과 또 자기가 행한 모든
악한 일로 말미암아 요한
에게 책망을 받고
20 그 위에 한 가지 악을 더
하여 요한을 옥에 가두니
라

세례를 받으시다

21 백성이 다 세례를 받을새
예수도 세례를 받으시고
기도하실 때에 하늘이 열
리며
22 성령이 비둘기 같은 형체
로 그의 위에 강림하시더
니 하늘로부터 소리가 나
기를 너는 내 사랑하는
아들이라 내가 너를 기뻐

단어설명

알곡(3:17) 쭉정이나 이물질이 섞이지 않은 깨끗하고 알찬 곡식.
쭉정이(3:17) 껍질만 있고 속에 알맹이가 없는 곡식이나 과일의 열매.
책망(3:19) 잘못을 들어 꾸짖음, 또는 꾸짖는 일을 말한다.
형체(3:22) 물건의 생김새나 그 바탕이 되는 몸체.

하노라 하시니라

예수의 족보

23 예수께서 가르치심을 시
작하실 때에 삼십 세쯤
되시니라 사람들이 아는
대로는 요셉의 아들이니
요셉의 위는 헬리요
24 그 위는 맛닷이요 그 위
는 레위요 그 위는 멜기
요 그 위는 얀나요 그 위
는 요셉이요
25 그 위는 맛다디아요 그
위는 아모스요 그 위는
나훔이요 그 위는 에슬리
요 그 위는 낙개요
26 그 위는 마앗이요 그 위
는 맛다디아요 그 위는
서머인이요 그 위는 요섹
이요 그 위는 요다요
27 그 위는 요아난이요 그
위는 레사요 그 위는 스
룹바벨이요 그 위는 스알
디엘이요 그 위는 네리요
28 그 위는 멜기요 그 위는
앗디요 그 위는 고삼이요
그 위는 엘마담이요 그
위는 에르요
29 그 위는 예수요 그 위는
엘리에서요 그 위는 요림
이요 그 위는 맛닷이요

단어설명

삼십 세쯤(3:23) 삼십 세는 제사장이 본격적으로 사역을 시작하는 나이면서, 유대 사회에서 성숙한 어른으로 인정을 받는 나이였다.

요셉의 위는 헬리요(3:23) 누가는 마리아의 족보를 기록하고 있는데, 당시 여자는 유대 족보에 기록하지 않기 때문에 그 자리에 남편 요셉의 이름을 대신 넣었다.

그 위는 레위요
30 그 위는 시므온이요 그
위는 유다요 그 위는 요
셉이요 그 위는 요남이요
그 위는 엘리아김이요
31 그 위는 멜레아요 그 위
는 멘나요 그 위는 맛다
다요 그 위는 나단이요
그 위는 다윗이요
32 그 위는 이새요 그 위는
오벳이요 그 위는 보아스
요 그 위는 살몬이요 그
위는 나손이요
33 그 위는 아미나답이요 그
위는 아니요 그 위는 헤
스론이요 그 위는 베레스
요 그 위는 유다요
34 그 위는 야곱이요 그 위
는 이삭이요 그 위는 아
브라함이요 그 위는 데라
요 그 위는 나홀이요
35 그 위는 스룩이요 그 위
는 르우요 그 위는 벨렉
이요 그 위는 헤버요 그
위는 살라요
36 그 위는 가이난이요 그
위는 아박삿이요 그 위는
셈이요 그 위는 노아요
그 위는 레멕이요
37 그 위는 므두셀라요 그

단어설명

나단(3:31) 요셉은 솔로몬에서 내려온 유다 왕의 혈통을 따라 태어났고, 마리아는 다윗의 다른 아들인 나단의 혈통을 따라 태어났다.

그 위는 다윗이요(3:31) 메시아가 다윗의 후손으로 태어날 것임은 성경의 여러 곳에 예언되어 있다. 다윗은 법적으로 뿐 아니라 혈통적으로도 메시아의 선조가 되었다.

위는 에녹이요 그 위는
야렛이요 그 위는 마할랄
렐이요 그 위는 가이난이
요
38 그 위는 에노스요 그 위
는 셋이요 그 위는 아담
이요 그 위는 하나님이시
니라

4

마귀가 예수님을 세 번 시험합니다. 마귀는 예수님께서 하나님께 대한 신뢰와 순종을 통해 사역을 완성하는 것이 아니라, 마귀의 제안을 통해 '고난 없는 영광의 길'을 택하도록 유혹합니다. 한편 14절부터는 예수님의 갈릴리 전도 사역이 이어집니다.

시험을 받으시다

1 예수께서 성령의 충만함
을 입어 요단 강에서 돌
아오사 광야에서 사십 일
동안 성령에게 이끌리시
며
2 마귀에게 시험을 받으시
더라 이 모든 날에 아무
것도 잡수시지 아니하시
니 날 수가 다하매 주리
신지라
3 마귀가 이르되 네가 만일
하나님의 아들이어든 이
돌들에게 명하여 떡이 되
게 하라
4 예수께서 대답하시되 기
록된 바 사람이 떡으로만
살 것이 아니라 하였느니

단어설명

아담이요 그 위는 하나님이시니라(3:38) 하나님이 아담을 직접 창조하셨을 뿐 아니라 아담을 그의 아들로 만드셨음을 보여준다.
광야(4:1) 거칠고 황량한 너른 들 또는 사막.
시험(4:2) 죄에 대한 유혹이나 하나님을 거역하게 만들려는 유혹.

라
5 마귀가 또 예수를 이끌고
올라가서 순식간에 천하
만국을 보이며
6 이르되 이 모든 권위와
그 영광을 내가 네게 주
리라 이것은 내게 넘겨준
것이므로 내가 원하는 자
에게 주노라
7 그러므로 네가 만일 내게
절하면 다 네 것이 되리
라
8 예수께서 대답하여 이르
시되 기록된 바 주 너의
하나님께 경배하고 다만
그를 섬기라 하였느니라
9 또 이끌고 예루살렘으로
가서 성전 꼭대기에 세우
고 이르되 네가 만일 하
나님의 아들이어든 여기
서 뛰어내리라
10 기록되었으되
하나님이 너를 위하여
그 사자들을 명하사
너를 지키게 하시리라
하였고
11 또한
그들이 손으로 너를
받들어 네 발이 돌에
부딪치지 않게 하시리

단어설명

마귀(4:5) '사탄.' 악의 근원이며, 사람이 하나님을 거역하고 죄의 길로 가도록 미혹한다.
천하만국(4:5) 세상에 있는 모든 나라.
하나님의 아들(4:9) 예수님은 하나님의 '사랑하는 아들'이며 하나님의 뜻을 성취하시기 위해 하나님을 신뢰하고 순종하는 '여호와의 종'이셨다.

라

하였느니라

12 예수께서 대답하여 이르

시되 주 너의 하나님을

시험하지 말라 하였느니

라

13 마귀가 모든 시험을 다

한 후에 얼마 동안 떠나

니라

갈릴리 여러 회당에서 가르치시다

14 예수께서 성령의 능력으

로 갈릴리에 돌아가시니

그 소문이 사방에 퍼졌고

15 친히 그 여러 회당에서

가르치시매 뭇 사람에게

칭송을 받으시더라

나사렛에서 배척을 받으시다

16 예수께서 그 자라나신 곳

나사렛에 이르사 안식일

에 늘 하시던 대로 회당

에 들어가사 성경을 읽으려

고 서시매

17 선지자 이사야의 글을 드

리거늘 책을 펴서 이렇게

기록된 데를 찾으시니 곧

18 주의 성령이 내게 임

하셨으니 이는 가난한

자에게 복음을 전하게

하시려고 내게 기름을

부으시고 나를 보내사

단어설명

칭송(4:15) 칭찬하며 높이다.

안식일(4:16) 이스라엘인의 종교에 있어서 가장 초기부터 안식의 날로 준수되어져온 일주일의 일곱 번째 날을 가리킨다. 금요일 일몰에서 토요일 일몰까지를 이르는데, 이날은 모든 일을 하지 않고 휴식을 취한다.

포로된 자에게 자유
를, 눈먼 자에게 다시
보게 함을 전파하며
눌린 자를 자유롭게
하고
19 주의 은혜의 해를 전
파하게 하려 하심이라
하였더라
20 책을 덮어 그 맡은 자에
게 주시고 앉으시니 회당
에 있는 자들이 다 주목
하여 보더라
21 이에 예수께서 그들에게
말씀하시되 이 글이 오늘
너희 귀에 응하였느니라

하시니
22 그들이 다 그를 증언하고
그 입으로 나오는 바 은
혜로운 말을 놀랍게 여겨
이르되 이 사람이 요셉의
아들이 아니냐
23 예수께서 그들에게 이르
시되 너희가 반드시 의사
야 너 자신을 고치라 하
는 속담을 인용하여 내게
말하기를 우리가 들은 바
가버나움에서 행한 일을
네 고향 여기서도 행하라
하리라
24 또 이르시되 내가 진실로

단어설명

주의 은혜의 해(4:19) 율법은 7년마다 돌아오는 안식년이 7번 지난 후 50년째에 희년을 지키게 했다. 희년에 종은 자유를 얻고, 남에게 팔린 땅을 돌려 받을 수 있었다.
회당(4:20) 유대인이 하나님을 예배하고 율법을 가르치는데 사용된 건물.
증언(4:22) 어떤 사실을 증명함. 또는 그런 말.

너희에게 이르노니 선지
자가 고향에서는 환영을
받는 자가 없느니라
25 내가 참으로 너희에게
이르노니 엘리야 시대에
하늘이 삼 년 육 개월간
닫히어 온 땅에 큰 흉년
이 들었을 때에 이스라
엘에 많은 과부가 있었
으되
26 엘리야가 그 중 한 사람
에게도 보내심을 받지 않
고 오직 시돈 땅에 있는
사렙다의 한 과부에게 뿐
이었으며
27 또 선지자 엘리사 때에
이스라엘에 많은 나병환
자가 있었으되 그 중의
한 사람도 깨끗함을 얻지
못하고 오직 수리아 사람
나아만뿐이었느니라
28 회당에 있는 자들이 이것
을 듣고 다 크게 화가 나
서
29 일어나 동네 밖으로 쫓아
내어 그 동네가 건설된
산 낭떠러지까지 끌고 가
서 밀쳐 떨어뜨리고자 하
되
30 예수께서 그들 가운데로

단어설명

흉년(4:25) 농사가 예년에 비하여 잘되지 아니하여 굶주리게 된 해.
엘리사(4:27) 선지자 엘리야의 제자이자 후계자로 많은 이적을 행했다. 그의 사역은 열왕기하에 기록되어 있다.
나병(4:27) 피부에 살점이 불거져 나오는 등 손발이나 얼굴에 변형이 오는 만성 전염병.

지나서 가시니라

더러운 귀신 들린 사람을 고치시다

31 갈릴리의 가버나움 동네
에 내려오사 안식일에 가
르치시매
32 그들이 그 가르치심에 놀
라니 이는 그 말씀이 권
위가 있음이러라
33 회당에 더러운 귀신 들린
사람이 있어 크게 소리
질러 이르되
34 아 나사렛 예수여 우리가
당신과 무슨 상관이 있나
이까 우리를 멸하러 왔나
이까 나는 당신이 누구인
줄 아노니 하나님의 거룩
한 자니이다
35 예수께서 꾸짖어 이르시
되 잠잠하고 그 사람에게
서 나오라 하시니 귀신이
그 사람을 무리 중에 넘
어뜨리고 나오되 그 사람
은 상하지 아니한지라
36 다 놀라 서로 말하여 이
르되 이 어떠한 말씀인고
권위와 능력으로 더러운
귀신을 명하매 나가는도
다 하더라
37 이에 예수의 소문이 그
근처 사방에 퍼지니라

단어설명

권위(4:32) 절대적인 것으로써 남을 복종시키는 힘.
귀신(4:33) 비교적 작은 힘을 가진 악령을 말한다. 신약에서는 귀신을 사람에게 해로운 영향을 행사하는 악령이나 우상들을 통해 숭배되는 이방신으로 서술하고 있다.
멸하다(4:34) 망하여 죄다 없어지다. 또는 그렇게 하다.

온갖 병자들을 고치시다

38 예수께서 일어나 회당에
서 나가사 시몬의 집에
들어가시니 시몬의 장모
가 중한 열병을 앓고 있
는지라 사람들이 그를 위
하여 예수께 구하니
39 예수께서 가까이 서서 열
병을 꾸짖으신대 병이 떠
나고 여자가 곧 일어나
그들에게 수종드니라
40 해 질 무렵에 사람들이
온갖 병자들을 데리고 나
아오매 예수께서 일일이
그 위에 손을 얹으사 고
치시니
41 여러 사람에게서 귀신들
이 나가며 소리 질러 이
르되 당신은 하나님의 아
들이니이다 예수께서 꾸
짖으사 그들이 말함을 허
락하지 아니하시니 이는
자기를 그리스도인 줄 앎
이러라

복음을 전하러 떠나시다

42 날이 밝으매 예수께서 나
오사 한적한 곳에 가시니
무리가 찾다가 만나서 자
기들에게서 떠나시지 못
하게 만류하려 하매

단어설명

수종(4:39) 남을 따라다니며 곁에서 심부름을 하는 등, 시중을 들고 섬기는 것.
그 위에 손을 얹으사(4:40) 예수님은 병자들에게 안수하시며 성령의 능력으로 그들을 치유하셨을 뿐 아니라 그들의 죄를 스스로 담당하셨다.
만류하다(4:42) 붙들고 못하게 말리다.

43 예수께서 이르시되 내가
다른 동네들에서도 하나
님의 나라 복음을 전하여
야 하리니 나는 이 일을
위해 보내심을 받았노라
하시고
44 갈릴리 여러 회당에서 전
도하시더라

5

예수님께서 베드로를 비롯한 제자들을 부르시고, 나병과 중풍에 걸린 사람들을 치유하십니다. 예수님은 물고기를 기적적으로 잡게 하심으로 자연만물을 다스리시는 분임을 나타내셨고, 인간의 힘으로 고칠 수 없는 병을 고치시는 전능하신 분으로 자신을 나타내십니다.

어부들이 예수를 따르다

1 무리가 몰려와서 하나님
의 말씀을 들을새 예수는
게네사렛 호숫가에 서서
2 호숫가에 배 두 척이 있
는 것을 보시니 어부들은
배에서 나와서 그물을 씻
는지라
3 예수께서 한 배에 오르시
니 그 배는 시몬의 배라
육지에서 조금 떼기를 청
하시고 앉으사 배에서 무
리를 가르치시더니
4 말씀을 마치시고 시몬에
게 이르시되 깊은 데로
가서 그물을 내려 고기를
잡으라
5 시몬이 대답하여 이르되

단어설명

게네사렛 호숫가(5:1) 갈릴리 호수의 다른 이름.
시몬(5:3) 안드레의 소개로 전에 이미 예수님을 만난 적이 있고, 그때 베드로라는 이름을 받기도 했다. 안드레는 예수님을 메시아로 소개했지만, 시몬 베드로는 예수님을 메시아로 믿어 따르는 대신 다시 생업으로 돌아온 상태였다.

선생님 우리들이 밤이 새
도록 수고하였으되 잡은
것이 없지마는 말씀에 의
지하여 내가 그물을 내리
리이다 하고
6 그렇게 하니 고기를 잡은
것이 심히 많아 그물이
찢어지는지라
7 이에 다른 배에 있는 동
무들에게 손짓하여 와서
도와 달라 하니 그들이
와서 두 배에 채우매 잠
기게 되었더라
8 시몬 베드로가 이를 보고
예수의 무릎 아래에 엎드
려 이르되 주여 나를 떠
나소서 나는 죄인이로소
이다 하니
9 이는 자기 및 자기와 함
께 있는 모든 사람이 고
기 잡힌 것으로 말미암아
놀라고
10 세베대의 아들로서 시몬
의 동업자인 야고보와 요
한도 놀랐음이라 예수께
서 시몬에게 이르시되 무
서워하지 말라 이제 후로
는 네가 사람을 취하리라
하시니
11 그들이 배들을 육지에 대

단어설명

말씀에 의지하여(5:5) 베드로는 자신의 상식과 경험을 내려놓고 예수님의 말씀에 순종한다.
네가 사람을 취하리라(5:10) 예수님은 자신을 죄인이라 고백하는 베드로를 떠나지 않으시고 새로운 삶으로 초대하셨다. '취하다' 는 원어적으로 '살아있는 채로 잡다' 라는 의미다. 물고기를 낚는 어부에서 이제는 사람을 낚는 어부로 베드로의 정체성이 변하게 되었다.

고 모든 것을 버려두고
예수를 따르니라

나병 들린 사람을 깨끗하게 하시다

12 예수께서 한 동네에 계실
때에 온 몸에 나병 들린
사람이 있어 예수를 보고
엎드려 구하여 이르되 주
여 원하시면 나를 깨끗하
게 하실 수 있나이다 하니
13 예수께서 손을 내밀어 그
에게 대시며 이르시되 내
가 원하노니 깨끗함을 받
으라 하신대 나병이 곧
떠나니라
14 예수께서 그를 경고하시
되 아무에게도 이르지 말
고 가서 제사장에게 네
몸을 보이고 또 네가 깨
끗하게 됨으로 인하여 모
세가 명한 대로 예물을
드려 그들에게 입증하라
하셨더니
15 예수의 소문이 더욱 퍼지
매 수많은 무리가 말씀도
듣고 자기 병도 고침을
받고자 하여 모여 오되
16 예수는 물러가사 한적한
곳에서 기도하시니라

중풍병자를 고치시다

17 하루는 가르치실 때에 갈

단어설명

모세가 명한 대로 예물(5:14) 나병 환자는 정해진 규례에 따라 제물을 드리고 치유 사실을 확인 받은 후에야 다시 공동체에 돌아올 수 있었다.
입증(5:14) 어떤 증거를 내세워 증명함.
한적하다(5:16) 한가하고 고요하다.

릴리의 각 마을과 유대와
예루살렘에서 온 바리새
인과 율법교사들이 앉았
는데 병을 고치는 주의
능력이 예수와 함께 하더
라
18 한 중풍병자를 사람들이
침상에 메고 와서 예수
앞에 들여놓고자 하였으
나
19 무리 때문에 메고 들어갈
길을 얻지 못한지라 지붕
에 올라가 기와를 벗기고
병자를 침상째 무리 가운
데로 예수 앞에 달아 내
리니
20 예수께서 그들의 믿음을
보시고 이르시되 이 사람
아 네 죄 사함을 받았느
니라 하시니
21 서기관과 바리새인들이
생각하여 이르되 이 신성
모독 하는 자가 누구냐
오직 하나님 외에 누가
능히 죄를 사하겠느냐
22 예수께서 그 생각을 아시
고 대답하여 이르시되 너
희 마음에 무슨 생각을
하느냐
23 네 죄 사함을 받았느니라

단어설명

서기관(5:21) 모세의 율법을 잘 알아, 율법을 해석하고 가르친 율법교사. '율법사' 라고도 불렸다.
바리새인(5:21) 유대교 안에서 발생한 종교 분파 가운데 하나. 율법에 대한 엄격한 준수, 성경 외적인 관습과 전통들의 전수 등의 특징을 가지고 있다.
신성모독(5:21) 신성한 것이나 존엄한 것을 욕되게 함. 또는 말과 행동으로 욕되게 함을 일컫는 말.

하는 말과 일어나 걸어가
라 하는 말이 어느 것이
쉽겠느냐
24 그러나 인자가 땅에서 죄
를 사하는 권세가 있는
줄을 너희로 알게 하리라
하시고 중풍병자에게 말
씀하시되 내가 네게 이르
노니 일어나 네 침상을
가지고 집으로 가라 하시
매
25 그 사람이 그들 앞에서
곧 일어나 그 누웠던 것
을 가지고 하나님께 영광
을 돌리며 자기 집으로
돌아가니
26 모든 사람이 놀라 하나님
께 영광을 돌리며 심히
두려워하여 이르되 오늘
우리가 놀라운 일을 보았
다 하니라

레위가 예수를 따르다

27 그 후에 예수께서 나가사
레위라 하는 세리가 세관
에 앉아 있는 것을 보시
고 나를 따르라 하시니
28 그가 모든 것을 버리고
일어나 따르니라
29 레위가 예수를 위하여 자
기 집에서 큰 잔치를 하

단어설명

인자(5:24) 예수님께서 자신을 가리키는 호칭으로 자주 사용하신 표현.
중풍병(5:24) 뇌혈관의 장애로 갑자기 정신을 잃고 넘어져서 반신불수, 언어 장애 등의 후유증을 남기는 병.
레위(5:27) 사도 마태의 히브리 이름.
세관(5:27) 관세청에 딸려 있는 기관으로, 세금을 걷던 곳.

니 세리와 다른 사람이
많이 함께 앉아 있는지라
30 바리새인과 그들의 서기
관들이 그 제자들을 비방
하여 이르되 너희가 어찌
하여 세리와 죄인과 함께
먹고 마시느냐
31 예수께서 대답하여 이르
시되 건강한 자에게는 의
사가 쓸 데 없고 병든 자
에게라야 쓸 데 있나니
32 내가 의인을 부르러 온
것이 아니요 죄인을 불러
회개시키러 왔노라
33 그들이 예수께 말하되 요
한의 제자는 자주 금식하
며 기도하고 바리새인의
제자들도 또한 그리하되
당신의 제자들은 먹고 마
시나이다
34 예수께서 그들에게 이르
시되 혼인 집 손님들이
신랑과 함께 있을 때에
너희가 그 손님으로 금식
하게 할 수 있느냐
35 그러나 그 날에 이르러
그들이 신랑을 빼앗기리
니 그 날에는 금식할 것
이니라
36 또 비유하여 이르시되 새

단어설명

비방(5:30) 남을 비웃고 헐뜯어서 말함.
자주 금식하며(5:33) 바리새인들은 민족을 위해서 매주 월요일과 목요일에 금식했다. 요한의 제자들도 그의 금욕적인 습관을 따라 종종 금식했다.
신랑을 빼앗기리니(5:35) 신랑이신 예수님께서 죽게 될 것을 암시하는 예언이다.

옷에서 한 조각을 찢어
낡은 옷에 붙이는 자가
없나니 만일 그렇게 하면
새 옷을 찢을 뿐이요 또
새 옷에서 찢은 조각이
낡은 것에 어울리지 아니
하리라
37 새 포도주를 낡은 가죽
부대에 넣는 자가 없나니
만일 그렇게 하면 새 포
도주가 부대를 터뜨려 포
도주가 쏟아지고 부대도
못쓰게 되리라
38 새 포도주는 새 부대에
넣어야 할 것이니라
39 묵은 포도주를 마시고 새
것을 원하는 자가 없나니
이는 묵은 것이 좋다 함
이니라

6 안식일의 의미에 대해 논쟁이 일어납니다. 예수님은 인간의 생명과 행복이 안식일 규례의 본 뜻임을 자신의 행동을 통해 증명하셨습니다. 20절부터 시작되는 예수님의 말씀은 산상수훈의 내용이며 '사랑'과 '믿음과 행함의 일치'를 강조하고 있습니다.

안식일에 밀 이삭을 자르다

1 안식일에 예수께서 밀밭
사이로 지나가실새 제자
들이 이삭을 잘라 손으로
비비어 먹으니
2 어떤 바리새인들이 말하
되 어찌하여 안식일에 하

단어설명

새 옷, 낡은 옷(5:36) '새 옷'은 예수님의 새로운 교훈과 질서를, '낡은 옷'은 전통적인 유대주의와 그 방식을 비유한 것이다.
부대(5:37) 종이, 가죽 등으로 만든 큰 자루.
이삭(6:1) 벼, 보리 같은 곡식에서, 꽃이 피고 꽃대 끝에 열매가 더부룩하게 많이 열리는 부분.

지 못할 일을 하느냐
3 예수께서 대답하여 이르
시되 다윗이 자기 및 자
기와 함께 한 자들이 시
장할 때에 한 일을 읽지
못하였느냐
4 그가 하나님의 전에 들어
가서 다만 제사장 외에는
먹어서는 안 되는 진설병
을 먹고 함께 한 자들에
게도 주지 아니하였느냐
5 또 이르시되 인자는 안식일
의 주인이니라 하시더라

안식일에 손 마른 사람을 고치시다

6 또 다른 안식일에 예수께
서 회당에 들어가사 가르
치실새 거기 오른손 마른
사람이 있는지라
7 서기관과 바리새인들이
예수를 고발할 증거를 찾
으려 하여 안식일에 병을
고치시는가 엿보니
8 예수께서 그들의 생각을
아시고 손 마른 사람에게
이르시되 일어나 한가운
데 서라 하시니 그가 일
어나 서거늘
9 예수께서 그들에게 이르
시되 내가 너희에게 묻노
니 안식일에 선을 행하는

단어설명

진설병(6:4) 이스라엘의 열두 지파를 의미 하는 뜻으로 하나님 앞에 놓는 열두 개의 떡. 대제사장이 안식일마다 하나님께 바쳤다.
인자는 안식일의 주인(6:5) 안식일을 만드신 하나님과 예수님은 동등한 권위를 갖고 계시다.
안식일에…고치시는가(6:7) 유대인들은 안식일에는 생명이 위독한 경우만 사람을 치료했다.

것과 악을 행하는 것, 생
명을 구하는 것과 죽이는
것, 어느 것이 옳으냐 하
시며
10 무리를 둘러보시고 그
사람에게 이르시되 네
손을 내밀라 하시니 그
가 그리하매 그 손이 회
복된지라
11 그들은 노기가 가득하여
예수를 어떻게 할까 하고
서로 의논하니라

열두 제자를 사도로 택하시다

12 이 때에 예수께서 기도하
시러 산으로 가사 밤이
새도록 하나님께 기도하
시고
13 밝으매 그 제자들을 부르
사 그 중에서 열둘을 택
하여 사도라 칭하셨으니
14 곧 베드로라고도 이름을
주신 시몬과 그의 동생
안드레와 야고보와 요한
과 빌립과 바돌로매와
15 마태와 도마와 알패오의
아들 야고보와 셀롯이라
는 시몬과
16 야고보의 아들 유다와 예
수를 파는 자 될 가룟 유
다라

단어설명

노기(6:11) 성난 얼굴빛. 또는 그런 기색이나 기세.
열둘(6:13) '열둘' 은 하나님의 백성 이스라엘을 상징하는 수이다. 믿음으로 하나님의 백성이 될 새 이스라엘을 모으신다는 뜻이 담겨 있다.
셀롯(6:15) 열심당원. 이들은 로마의 지배에 무력으로 대항하는 혁명조직이다.

17 예수께서 그들과 함께 내
려오사 평지에 서시니 그
제자의 많은 무리와 예수
의 말씀도 듣고 병 고침
을 받으려고 유대 사방과
예루살렘과 두로와 시돈
의 해안으로부터 온 많은
백성도 있더라
18 더러운 귀신에게 고난받
는 자들도 고침을 받은지
라
19 온 무리가 예수를 만지려
고 힘쓰니 이는 능력이
예수께로부터 나와서 모
든 사람을 낫게 함이러라

복과 화를 선포하시다

20 예수께서 눈을 들어 제자
들을 보시고 이르시되 너
희 가난한 자는 복이 있
나니 하나님의 나라가 너
희 것임이요
21 지금 주린 자는 복이 있
나니 너희가 배부름을 얻
을 것임이요 지금 우는
자는 복이 있나니 너희가
웃을 것임이요
22 인자로 말미암아 사람들
이 너희를 미워하며 멀리
하고 욕하고 너희 이름을
악하다 하여 버릴 때에는

단어설명

제자(6:17) 스승의 가르침과 삶을 그대로 따르는 자들. 성경에서는 예수님을 믿는 사람, 따르는 사람들을 말한다.
두로, 시돈(6:17) 지중해 해안의 페니키아에 속한 도시들이다.
주리다(6:21) 제대로 먹지 못하여 배를 곯다. 원하는 것을 얻지 못하여 몹시 아쉬워하다.

너희에게 복이 있도다
23 그 날에 기뻐하고 뛰놀라
하늘에서 너희 상이 큼이
라 그들의 조상들이 선지
자들에게 이와 같이 하였
느니라
24 그러나 화 있을진저 너희
부요한 자여 너희는 너희
의 위로를 이미 받았도다
25 화 있을진저 너희 지금
배부른 자여 너희는 주리
리로다 화 있을진저 너희
지금 웃는 자여 너희가
애통하며 울리로다
26 모든 사람이 너희를 칭찬
하면 화가 있도다 그들의
조상들이 거짓 선지자들
에게 이와 같이 하였느니
라

원수를 사랑하라

27 그러나 너희 듣는 자에게
내가 이르노니 너희 원수
를 사랑하며 너희를 미워
하는 자를 선대하며
28 너희를 저주하는 자를 위
하여 축복하며 너희를 모
욕하는 자를 위하여 기도
하라
29 너의 이 뺨을 치는 자에
게 저 뺨도 돌려대며 네

단어설명

선지자(6:23) 하나님의 계시로 닥쳐올 일을 미리 알아 백성들에게 전하고 인도하는 사람.
화(6:24) 모든 재앙과 액화.
애통(6:25) 몹시 안타까운 마음에 슬퍼하는 것.
선대(6:27) 친절하게 잘 대접함.

겉옷을 빼앗는 자에게 속
옷도 거절하지 말라
30 네게 구하는 자에게 주며
네 것을 가져가는 자에게
다시 달라 하지 말며
31 남에게 대접을 받고자 하
는 대로 너희도 남을 대
접하라
32 너희가 만일 너희를 사랑
하는 자만을 사랑하면 칭
찬 받을 것이 무엇이냐
죄인들도 사랑하는 자는
사랑하느니라
33 너희가 만일 선대하는 자
만을 선대하면 칭찬 받을
것이 무엇이냐 죄인들도
이렇게 하느니라
34 너희가 받기를 바라고 사
람들에게 꾸어 주면 칭찬
받을 것이 무엇이냐 죄인
들도 그만큼 받고자 하여
죄인에게 꾸어 주느니라
35 오직 너희는 원수를 사랑
하고 선대하며 아무 것도
바라지 말고 꾸어 주라
그리하면 너희 상이 클
것이요 또 지극히 높으신
이의 아들이 되리니 그는
은혜를 모르는 자와 악한
자에게도 인자하시니라

단어설명

대접을 받고자…대접하라(6:31) '황금률' 이라고 불리는 구절이다. 이기적인 욕심을 버리고 예수님으로 마음의 주인이 바뀐 자만이 따라 행할 수 있다.

원수(6:35) 원한이 맺힐 정도로 자기에게 해를 끼친 사람이나 집단. 개인적인 관계를 넘어 예수님을 믿는 이유로 그리스도인을 미워하고 핍박하는 사람까지도 포함된다.

36 너희 아버지의 자비로우
심같이 너희도 자비로운
자가 되라
37 비판하지 말라 그리하면
너희가 비판을 받지 않을
것이요 정죄하지 말라 그
리하면 너희가 정죄를 받
지 않을 것이요 용서하라
그리하면 너희가 용서를
받을 것이요
38 주라 그리하면 너희에게
줄 것이니 곧 후히 되어
누르고 흔들어 넘치도록
하여 너희에게 안겨 주리
라 너희가 헤아리는 그
헤아림으로 너희도 헤아
림을 도로 받을 것이니라

네 눈 속에 있는 들보

39 또 비유로 말씀하시되 맹
인이 맹인을 인도할 수
있느냐 둘이 다 구덩이에
빠지지 아니하겠느냐
40 제자가 그 선생보다 높지
못하나 무릇 온전하게 된
자는 그 선생과 같으리라
41 어찌하여 형제의 눈 속에
있는 티는 보고 네 눈 속
에 있는 들보는 깨닫지
못하느냐
42 너는 네 눈 속에 있는 들

단어설명

자비(6:36) 남을 깊이 사랑하고 가엾게 여김. 또는 그렇게 여겨서 베푸는 혜택.
정죄(6:37) 죄가 있다고 단정함.
티(6:41) 먼지처럼 아주 잔 부스러기.
들보(6:41) 집을 지을 때 천장을 받치는 커다란 나무기둥.

보를 보지 못하면서 어찌
하여 형제에게 말하기를
형제여 나로 네 눈 속에
있는 티를 빼게 하라 할
수 있느냐 외식하는 자여
먼저 네 눈 속에서 들보
를 빼라 그 후에야 네가
밝히 보고 형제의 눈 속
에 있는 티를 빼리라
43 못된 열매 맺는 좋은 나
무가 없고 또 좋은 열매
맺는 못된 나무가 없느니
라
44 나무는 각각 그 열매로
아나니 가시나무에서 무
화과를, 또는 찔레에서
포도를 따지 못하느니라
45 선한 사람은 마음에 쌓은
선에서 선을 내고 악한
자는 그 쌓은 악에서 악
을 내나니 이는 마음에
가득한 것을 입으로 말함
이니라

듣고 행하는 자와 행하지 아니하는 자

46 너희는 나를 불러 주여
주여 하면서도 어찌하여
내가 말하는 것을 행하지
아니하느냐
47 내게 나아와 내 말을 듣
고 행하는 자마다 누구와

단어설명

외식하는 자(6:42) 위선자를 말한다. 예수님께서 다른 사람들 앞에서 걸치레하기를 좋아하는 사람들을 책망하는 말이다.

나무, 열매(6:43) '나무'는 사람의 마음과 인격을 비유한 것이고, '열매'는 겉으로 드러나는 말과 행동을 말한다.

같은 것을 너희에게 보이
리라
48 집을 짓되 깊이 파고 주
추를 반석 위에 놓은 사
람과 같으니 큰 물이 나
서 탁류가 그 집에 부딪
치되 잘 지었기 때문에
능히 요동하지 못하게 하
였거니와
49 듣고 행하지 아니하는 자
는 주추 없이 흙 위에 집
지은 사람과 같으니 탁류
가 부딪치매 집이 곧 무
너져 파괴됨이 심하니라
하시니라

7

로마의 백부장이 자신의 사랑하는 종이 병들어 위독하자 유대인 장로들을 예수님께 보내 도움을 요청합니다. 예수님은 그의 믿음에 놀라시며 종을 고쳐 주십니다. 또 나인 성의 과부의 아들을 살려 주십니다. 한편 세례 요한이 제자들을 보내 예수님이 메시아인지를 묻게 합니다.

백부장의 종을 고치시다

1 예수께서 모든 말씀을 백
성에게 들려 주시기를 마
치신 후에 가버나움으로
들어가시니라
2 어떤 백부장의 사랑하는
종이 병들어 죽게 되었더
니
3 예수의 소문을 듣고 유대
인의 장로 몇 사람을 예
수께 보내어 오셔서 그

단어설명

주추(6:48) 기둥 밑에 괴는 돌 따위의 물건.
탁류(6:48) 흐린 물줄기. 곧 사회를 흐리게 하는 물이란 뜻으로, 나쁜 풍조를 비유한 말이다.
백부장(7:2) 로마 군대에서 '백인대'(Century)를 지휘하는 로마의 장교이며, 백인대는 병사 60~160명까지로 구성되는 부대로 보통 80명 정도의 규모였다.

종을 구해 주시기를 청한
지라
4 이에 그들이 예수께 나아
와 간절히 구하여 이르되
이 일을 하시는 것이 이
사람에게는 합당하니이
다
5 그가 우리 민족을 사랑하
고 또한 우리를 위하여
회당을 지었나이다 하니
6 예수께서 함께 가실새 이
에 그 집이 멀지 아니하
여 백부장이 벗들을 보내
어 이르되 주여 수고하시
지 마옵소서 내 집에 들

어오심을 나는 감당하지
못하겠나이다
7 그러므로 내가 주께 나아
가기도 감당하지 못할 줄
을 알았나이다 말씀만 하
사 내 하인을 낫게 하소
서
8 나도 남의 수하에 든 사
람이요 내 아래에도 병사
가 있으니 이더러 가라
하면 가고 저더러 오라
하면 오고 내 종더러 이
것을 하라 하면 하나이다
9 예수께서 들으시고 그를
놀랍게 여겨 돌이키사 따

단어설명

사랑하는 종(7:3) 로마시대 노예는 주인의 소유물과 같았다. 그러나 백부장은 자신의 노예를 인격적으로 대우하는 사람이었다.
합당하다(7:4) 어떤 기준, 조건, 용도, 도리 등이 꼭 알맞다.
수하(7:8) 보통 부하를 말하는데 자기의 수족처럼 쓰는 사람을 의미하기도 한다.

르는 무리에게 이르시되
내가 너희에게 이르노니
이스라엘 중에서도 이만
한 믿음은 만나보지 못하
였노라 하시더라
10 보내었던 사람들이 집으
로 돌아가 보매 종이 이
미 나아 있었더라

과부의 아들을 살리시다

11 그 후에 예수께서 나인이
란 성으로 가실새 제자와
많은 무리가 동행하더니
12 성문에 가까이 이르실 때
에 사람들이 한 죽은 자
를 메고 나오니 이는 한
어머니의 독자요 그의 어
머니는 과부라 그 성의
많은 사람도 그와 함께
나오거늘
13 주께서 과부를 보시고 불
쌍히 여기사 울지 말라
하시고
14 가까이 가서 그 관에 손
을 대시니 멘 자들이 서
는지라 예수께서 이르시
되 청년아 내가 네게 말
하노니 일어나라 하시매
15 죽었던 자가 일어나 앉고
말도 하거늘 예수께서 그
를 어머니에게 주시니

단어설명

불쌍히 여기사(7:13) 원어적으로 '창자가 요동하다'는 의미가 있다. 예수님은 과부의 고통과 아픔을 공감하며 긍휼히 여기신다.

네게 말하노니(7:14) 예수님은 죽은 자를 살리실 때 항상 말씀으로 명령하셨다. 이것은 예수님의 권세가 죽은 자들까지 순종하게 하는 절대적인 권위임을 보여준다.

16 모든 사람이 두려워하며
하나님께 영광을 돌려 이
르되 큰 선지자가 우리
가운데 일어나셨다 하고
또 하나님께서 자기 백성
을 돌보셨다 하더라
17 예수께 대한 이 소문이
온 유대와 사방에 두루
퍼지니라

세례 요한의 제자들에게 대답하시다

18 요한의 제자들이 이 모든
일을 그에게 알리니
19 요한이 그 제자 중 둘을
불러 주께 보내어 이르되
오실 그이가 당신이오니
이까 우리가 다른 이를
기다리오리이까 하라 하
매
20 그들이 예수께 나아가 이
르되 세례 요한이 우리를
보내어 당신께 여쭈어 보
라고 하기를 오실 그이가
당신이오니이까 우리가
다른 이를 기다리오리이
까 하더이다 하니
21 마침 그 때에 예수께서
질병과 고통과 및 악귀
들린 자를 많이 고치시며
또 많은 맹인을 보게 하
신지라

단어설명

오실 그이(7:19) 구약이 약속한 메시아.
세례 요한(7:20) 예수님이 오시기 전 구약의 마지막 예언자. 사람들에게 물로 세례를 베풀며 예수님의 사역을 준비하는 역할을 했다.
맹인(7:21) '시각 장애인'을 달리 이르는 말.

22 예수께서 대답하여 이르
시되 너희가 가서 보고
들은 것을 요한에게 알리
되 맹인이 보며 못 걷는
사람이 걸으며 나병환자
가 깨끗함을 받으며 귀먹
은 사람이 들으며 죽은
자가 살아나며 가난한 자
에게 복음이 전파된다 하
라
23 누구든지 나로 말미암아
실족하지 아니하는 자는
복이 있도다 하시니라
24 요한이 보낸 자가 떠난
후에 예수께서 무리에게
요한에 대하여 말씀하시
되 너희가 무엇을 보려고
광야에 나갔더냐 바람에
흔들리는 갈대냐
25 그러면 너희가 무엇을 보
려고 나갔더냐 부드러운
옷 입은 사람이냐 보라
화려한 옷을 입고 사치하
게 지내는 자는 왕궁에
있느니라
26 그러면 너희가 무엇을 보
려고 나갔더냐 선지자냐
옳다 내가 너희에게 이르
노니 선지자보다도 훌륭
한 자니라

단어설명

전파(7:22) 어떠한 소식이나 가르침 등을 전하여 널리 퍼뜨림.
실족하다(7:23) 발을 잘못 디디다. 행동을 잘못하거나 죄를 짓다는 의미로 쓰인다.
바람에 흔들리는 갈대(7:24) 세상 권력과 종교의 힘 앞에서 흔들리는 사람들을 비유한 것이다. 세례 요한은 흔들림 없이 하나님의 말씀을 담대히 선포했다.

27 기록된 바
보라 내가 내 사자를
네 앞에 보내노니 그
가 네 앞에서 네 길을
준비하리라
한 것이 이 사람에 대한
말씀이라
28 내가 너희에게 말하노니
여자가 낳은 자 중에 요
한보다 큰 자가 없도다
그러나 하나님의 나라에
서는 극히 작은 자라도
그보다 크니라 하시니
29 모든 백성과 세리들은 이
미 요한의 세례를 받은지
라 이 말씀을 듣고 하나
님을 의롭다 하되
30 바리새인과 율법교사들
은 그의 세례를 받지 아
니함으로 그들 자신을 위
한 하나님의 뜻을 저버리
니라
31 또 이르시되 이 세대의
사람을 무엇으로 비유할
까 무엇과 같은가
32 비유하건대 아이들이 장
터에 앉아 서로 불러 이
르되 우리가 너희를 향하
여 피리를 불어도 너희가
춤추지 않고 우리가 곡하

단어설명

사자(7:27) 명령이나 부탁을 받고 심부름하는 사람.
이 세대의 사람(7:31) 세례 요한의 회개 요청과 예수님의 구원을 거부한 당시의 사람들.
피리를 불어도(7:32) 잔치 놀이를 말하며, 구원의 기쁨을 선포한 예수님의 사역을 비유한다.
곡하여도(7:32) 장례식 놀이를 말하며, 금욕적이었던 세례 요한의 사역을 비유한다.

여도 너희가 울지 아니하
였다 함과 같도다
33 세례 요한이 와서 떡도
먹지 아니하며 포도주도
마시지 아니하매 너희
말이 귀신이 들렸다 하
더니
34 인자는 와서 먹고 마시매
너희 말이 보라 먹기를
탐하고 포도주를 즐기는
사람이요 세리와 죄인의
친구로다 하니
35 지혜는 자기의 모든 자녀
로 인하여 옳다 함을 얻
느니라

한 여자가 예수께 향유를 붓다

36 한 바리새인이 예수께 자
기와 함께 잡수시기를 청
하니 이에 바리새인의 집
에 들어가 앉으셨을 때에
37 그 동네에 죄를 지은 한
여자가 있어 예수께서 바
리새인의 집에 앉아 계심
을 알고 향유 담은 옥합
을 가지고 와서
38 예수의 뒤로 그 발 곁에
서서 울며 눈물로 그 발
을 적시고 자기 머리털로
닦고 그 발에 입맞추고
향유를 부으니

단어설명

탐하다(7:34) 어떤 것을 가지거나 차지하고 싶어 지나치게 욕심을 내다.
향유(7:37) 향기로운 냄새가 나는 기름 300그램이며, 그 가치가 300데나리온(노동자의 1년치 품삯)에 해당하는 귀한 것이었다.
옥합(7:37) 옥으로 만든 뚜껑이 있는 작은 그릇을 말한다.

39 예수를 청한 바리새인이
그것을 보고 마음에 이르
되 이 사람이 만일 선지
자라면 자기를 만지는 이
여자가 누구며 어떠한 자
곧 죄인인 줄을 알았으리
라 하거늘
40 예수께서 대답하여 이르
시되 시몬아 내가 네게
이를 말이 있다 하시니
그가 이르되 선생님 말씀
하소서
41 이르시되 빚 주는 사람에
게 빚진 자가 둘이 있어
하나는 오백 데나리온을
졌고 하나는 오십 데나리
온을 졌는데
42 갚을 것이 없으므로 둘
다 탕감하여 주었으니 둘
중에 누가 그를 더 사랑
하겠느냐
43 시몬이 대답하여 이르되
내 생각에는 많이 탕감함
을 받은 자니이다 이르시
되 네 판단이 옳다 하시
고
44 그 여자를 돌아보시며 시
몬에게 이르시되 이 여자
를 보느냐 내가 네 집에
들어올 때 너는 내게 발

단어설명

데나리온(7:41) 로마 은 동전의 명칭. 보통 노동자의 하루 품삯이었다.
탕감(7:42) 빚이나 요금, 세금처럼 물어야 할 것을 없던 것으로 여겨줌.
발 씻을 물(7:44) 유대 지역 사람들은 샌들을 신고 먼지가 많은 길을 다녔기 때문에 손님이 오면 발 씻을 물을 주는 것이 기본적인 예의였다.

씻을 물도 주지 아니하였
으되 이 여자는 눈물로
내 발을 적시고 그 머리
털로 닦았으며
45 너는 내게 입맞추지 아니
하였으되 그는 내가 들어
올 때로부터 내 발에 입
맞추기를 그치지 아니하
였으며
46 너는 내 머리에 감람유도
붓지 아니하였으되 그는
향유를 내 발에 부었느니
라
47 이러므로 내가 네게 말하
노니 그의 많은 죄가 사
하여졌도다 이는 그의 사
랑함이 많음이라 사함을
받은 일이 적은 자는 적
게 사랑하느니라
48 이에 여자에게 이르시되
네 죄 사함을 받았느니라
하시니
49 함께 앉아 있는 자들이
속으로 말하되 이가 누구
이기에 죄도 사하는가 하
더라
50 예수께서 여자에게 이르
시되 네 믿음이 너를 구
원하였으니 평안히 가라
하시니라

단어설명

감람유(7:46) 올리브기름.
많은 죄(7:47) 여인의 죄가 많다는 뜻이라기보다는 행한 죄가 많더라도 그것이 전부 용서받았음을 강조하기 위한 표현이다.
사하다(7:47) 지은 죄나 허물을 용서하다.

8

예수님이 씨 뿌리는 비유를 말씀하시며 직접 해석도 해주십니다. 또한 귀신들린 광인과 혈루병을 앓는 여인을 치유하신 사건은 인간을 향한 주님의 사랑을, 풍랑을 잠재우고 죽은 자를 살리신 이적은 메시아의 초자연적인 권능을 알게 해줍니다.

여자들이 예수의 활동을 돕다

1 그 후에 예수께서 각 성
과 마을에 두루 다니시
며 하나님의 나라를 선
포 하시며 그 복음을 전
하실새 열두 제자가 함
께 하였고
2 또한 악귀를 쫓아내심과
병 고침을 받은 어떤 여
자들 곧 일곱 귀신이 나
간 자 막달라인이라 하는
마리아와
3 헤롯의 청지기 구사의 아
내 요안나와 수산나와 다
른 여러 여자가 함께하여
자기들의 소유로 그들을
섬기더라

네 가지 땅에 떨어진 씨 비유

4 각 동네 사람들이 예수께
로 나아와 큰 무리를 이
루니 예수께서 비유로 말
씀하시되
5 씨를 뿌리는 자가 그 씨
를 뿌리러 나가서 뿌릴새
더러는 길가에 떨어지매
밟히며 공중의 새들이 먹

단어설명

헤롯의 청지기(8:3) 관리인, 문지기, 행정 장관 등 여러 직임을 뜻한다.
비유(8:4) 어떤 현상이나 사물을 직접 설명하지 아니하고 다른 비슷한 현상이나 사물에 빗대어서 설명하는 일.
길가(8:5) 밭과 밭 사이의 농부가 걸어 다니는 길을 말한다. 사람이 밟아 단단하게 굳어 있다.

어 버렸고
6 더러는 바위 위에 떨어지
매 싹이 났다가 습기가
없으므로 말랐고
7 더러는 가시떨기 속에 떨
어지매 가시가 함께 자라
서 기운을 막았고
8 더러는 좋은 땅에 떨어지
매 나서 백 배의 결실을
하였느니라 이 말씀을 하
시고 외치시되 들을 귀
있는 자는 들을지어다

비유를 설명하시다

9 제자들이 이 비유의 뜻을
물으니
10 이르시되 하나님 나라의
비밀을 아는 것이 너희에
게는 허락되었으나 다른
사람에게는 비유로 하나
니 이는 그들로 보아도
보지 못하고 들어도 깨닫
지 못하게 하려 함이라
11 이 비유는 이러하니라 씨
는 하나님의 말씀이요
12 길가에 있다는 것은 말씀
을 들은 자니 이에 마귀
가 가서 그들이 믿어 구
원을 얻지 못하게 하려고
말씀을 그 마음에서 빼앗
는 것이요

단어설명

바위 위(8:6) 단단한 바위 위에 흙이 얇게 덮은 곳. 물기가 금방 말라 씨앗이 시들어 죽는다.
가시떨기(8:7) 이스라엘 땅에서 자라는 가시가 있는 잡초.
결실(8:8) 식물이 열매를 맺거나 맺은 열매가 여묾. 또는 그런 열매.
하나님 나라의 비밀(8:10) 하나님의 계시가 없이는 무엇을 의미하는지 알 수 없다.

13 바위 위에 있다는 것은
말씀을 들을 때에 기쁨으
로 받으나 뿌리가 없어
잠깐 믿다가 시련을 당할
때에 배반하는 자요
14 가시떨기에 떨어졌다는
것은 말씀을 들은 자이나
지내는 중 이생의 염려와
재물과 향락에 기운이 막
혀 온전히 결실하지 못하
는 자요
15 좋은 땅에 있다는 것은
착하고 좋은 마음으로 말
씀을 듣고 지키어 인내로
결실하는 자니라

등불은 등경 위에

16 누구든지 등불을 켜서 그
릇으로 덮거나 평상 아래
에 두지 아니하고 등경
위에 두나니 이는 들어가
는 자들로 그 빛을 보게
하려 함이라
17 숨은 것이 장차 드러나지
아니할 것이 없고 감추인
것이 장차 알려지고 나타
나지 않을 것이 없느니라
18 그러므로 너희가 어떻게
들을까 스스로 삼가라 누
구든지 있는 자는 받겠고
없는 자는 그 있는 줄로

단어설명

염려(8:14) 앞일에 대하여 여러 가지로 마음을 써서 걱정함. 또는 그런 걱정.
향락(8:14) 쾌락을 누림.
평상(8:16) 나무로 만든 침상의 하나. 주로 밖에 두고 앉거나 드러누워 쉴 수 있도록 만든 것.
등경(8:16) 등잔을 올려놓거나 걸어두는 틀.

아는 것까지도 빼앗기리
라 하시니라

예수의 어머니와 동생들

19 예수의 어머니와 그 동생
들이 왔으나 무리로 인하
여 가까이 하지 못하니
20 어떤 이가 알리되 당신의
어머니와 동생들이 당신
을 보려고 밖에 서 있나
이다
21 예수께서 대답하여 이르
시되 내 어머니와 내 동
생들은 곧 하나님의 말씀
을 듣고 행하는 이 사람
들이라 하시니라

바람과 물결을 잔잔하게 하시다

22 하루는 제자들과 함께 배
에 오르사 그들에게 이르
시되 호수 저편으로 건너
가자 하시매 이에 떠나
23 행선할 때에 예수께서 잠
이 드셨더니 마침 광풍이
호수로 내리치매 배에 물
이 가득하게 되어 위태한
지라
24 제자들이 나아와 깨워 이
르되 주여 주여 우리가
죽겠나이다 한대 예수께
서 잠을 깨사 바람과 물
결을 꾸짖으시니 이에 그

단어설명

있는 자(8:18) 말씀을 듣고 깨닫는 사람.
없는 자(8:18) 마음이 완고하여 말씀을 듣고도 깨닫지 못하는 사람.
행선(8:23) 배를 타고 가는 것을 말한다.
광풍(8:23) 미친 듯이 사납게 휘몰아치는 거센 바람.

쳐 잔잔하여지더라
25 제자들에게 이르시되 너
희 믿음이 어디 있느냐
하시니 그들이 두려워하
고 놀랍게 여겨 서로 말
하되 그가 누구이기에 바
람과 물을 명하매 순종하
는가 하더라

귀신 들린 사람을 고치시다

26 그들이 갈릴리 맞은편 거
라사인의 땅에 이르러
27 예수께서 육지에 내리시
매 그 도시 사람으로서
귀신 들린 자 하나가 예
수를 만나니 그 사람은
오래 옷을 입지 아니하
며 집에 거하지도 아니
하고 무덤 사이에 거하
는 자라
28 예수를 보고 부르짖으며
그 앞에 엎드려 큰 소리
로 불러 이르되 지극히
높으신 하나님의 아들 예
수여 당신이 나와 무슨
상관이 있나이까 당신께
구하노니 나를 괴롭게 하
지 마옵소서 하니
29 이는 예수께서 이미 더러
운 귀신을 명하사 그 사
람에게서 나오라 하셨음

단어설명

거라사 인의 땅(8:26) 이방인들이 사는 지역으로 유대 사람들은 이곳을 불결하게 생각했다.
무덤 사이(8:27) 영적으로 죽어있는 비참함을 보여줄 뿐 아니라, 귀신이 들려 사람들과의 모든 관계도 끊어졌음을 보여준다.
그 앞에 엎드려(8:28) 귀신들은 예수님이 하나님의 아들임을 알고 있기에 두려워했다.

이라 (귀신이 가끔 그 사
람을 붙잡으므로 그를 쇠
사슬과 고랑에 매어 지켰
으되 그 맨 것을 끊고 귀
신에게 몰려 광야로 나갔
더라)
30 예수께서 네 이름이 무엇
이냐 물으신즉 이르되 군
대라 하니 이는 많은 귀
신이 들렸음이라
31 무저갱으로 들어가라 하
지 마시기를 간구하더니
32 마침 그곳에 많은 돼지
떼가 산에서 먹고 있는지
라 귀신들이 그 돼지에게
로 들어가게 허락하심을
간구하니 이에 허락하시
니
33 귀신들이 그 사람에게서
나와 돼지에게로 들어가
니 그 떼가 비탈로 내리
달아 호수에 들어가 몰사
하거늘
34 치던 자들이 그 이루어진
일을 보고 도망하여 성내
와 마을에 알리니
35 사람들이 그 이루어진 일
을 보러 나와서 예수께
이르러 귀신 나간 사람이
옷을 입고 정신이 온전하

단어설명

군대라 하니(8:30) 헬라어로 '레기온.' 신약성경에서 군대는 엄청난 수를 의미한다.
무저갱(8:31) '끝없이 깊은 곳'으로서 마귀가 일시적으로 갇힐 곳을 의미한다.
비탈(8:33) 산이나 언덕 따위가 기울어진 상태나 정도. 또는 그렇게 기울어진 곳.
온전하다(8:35) 본바탕 그대로 고스란하다. 잘못된 것이 없이 바르거나 옳다.

여 예수의 발치에 앉아
있는 것을 보고 두려워하
거늘
36 귀신 들렸던 자가 어떻게
구원받았는지를 본 자들
이 그들에게 이르매
37 거라사인의 땅 근방 모든
백성이 크게 두려워하여
예수께 떠나가시기를 구
하더라 예수께서 배에 올
라 돌아가실새
38 귀신 나간 사람이 함께
있기를 구하였으나 예수
께서 그를 보내시며 이르
시되
39 집으로 돌아가 하나님이
네게 어떻게 큰 일을 행
하셨는지를 말하라 하시
니 그가 가서 예수께서
자기에게 어떻게 큰 일을
행하셨는지를 온 성내에
전파하니라

야이로의 딸과 예수의 옷에 손 댄 여자

40 예수께서 돌아오시매 무
리가 환영하니 이는 다
기다렸음이러라
41 이에 회당장인 야이로라
하는 사람이 와서 예수의
발 아래에 엎드려 자기
집에 오시기를 간구하니

단어설명

집으로 돌아가…말하라(8:39) 귀신 들렸다가 나음 받은 사람은 예수님의 제자가 되고 싶어 했지만, 예수님은 집으로 돌아가라고 하셨다. 여기서 '집'은 좀 더 범위가 큰 '공동체'로 이해할 수 있다. 삶 속에서 주변 이들에게 예수님을 전하라는 것이다.

회당장(8:41) 회당 관리자로 회당에서의 모임을 주관하고 책임지는 자다.

42 이는 자기에게 열두 살
된 외딸이 있어 죽어감이
러라 예수께서 가실 때에
무리가 밀려들더라
43 이에 열두 해를 혈루증으
로 앓는 중에 아무에게도
고침을 받지 못하던 여자
가
44 예수의 뒤로 와서 그의
옷가에 손을 대니 혈루증
이 즉시 그쳤더라
45 예수께서 이르시되 내게
손을 댄 자가 누구냐 하
시니 다 아니라 할 때에
베드로가 이르되 주여 무
리가 밀려들어 미나이다
46 예수께서 이르시되 내게
손을 댄 자가 있도다 이
는 내게서 능력이 나간
줄 앎이로다 하신대
47 여자가 스스로 숨기지 못
할 줄 알고 떨며 나아와
엎드리어 그 손댄 이유와
곧 나은 것을 모든 사람
앞에서 말하니
48 예수께서 이르시되 딸아
네 믿음이 너를 구원하였
으니 평안히 가라 하시더
라
49 아직 말씀하실 때에 회당

단어설명

혈루증(8:43) 알 수 없는 원인으로 많은 하혈을 하는 병.
옷가(8:44) 여인은 예수님의 옷에 손만 대어도 병이 나을 거라는 믿음을 가지고 있었다.
능력이…앎이로다(8:46) 예수님의 치유 능력은 성령님에 의한 것이었기 때문에 예수님은 성령이 주시는 영감으로 그녀가 치유받았음을 아셨다.

장의 집에서 사람이 와서
말하되 당신의 딸이 죽었
나이다 선생님을 더 괴롭
게 하지 마소서 하거늘
50 예수께서 들으시고 이르
시되 두려워하지 말고 믿
기만 하라 그리하면 딸이
구원을 얻으리라 하시고
51 그 집에 이르러 베드로와
요한과 야고보와 아이의
부모 외에는 함께 들어가
기를 허락하지 아니하시
니라
52 모든 사람이 아이를 위하
여 울며 통곡하매 예수께
서 이르시되 울지 말라
죽은 것이 아니라 잔다
하시니
53 그들이 그 죽은 것을 아
는 고로 비웃더라
54 예수께서 아이의 손을 잡
고 불러 이르시되 아이야
일어나라 하시니
55 그 영이 돌아와 아이가
곧 일어나거늘 예수께서
먹을 것을 주라 명하시니
56 그 부모가 놀라는지라 예
수께서 경고하사 이 일을
아무에게도 말하지 말라
하시니라

단어설명

베드로, 요한, 야고보(8:51) 예수님의 사역을 가까이에서 지켜보도록 허락된 제자들. 이들은 초대교회의 가장 중요한 지도자가 된다.

아이야 일어나라(8:54) 아람어로 '달리다굼' 이라고 기록된 본문도 있다. 이는 어머니가 아침에 아이를 깨울 때 일상적으로 하는 말이었다.

9

예수님은 제자들에게 귀신을 쫓아내고 병을 고치는 권능을 주심으로 그들이 예수님을 대신해 하나님 나라를 전할 수 있게 하셨습니다. 오병이어 기적과 변화산 사건을 통해 메시아적인 능력이 나타나며, 베드로의 고백을 통해 예수님이 어떤 분이신지가 분명히 드러납니다.

열두 제자를 내보내시다

1 예수께서 열두 제자를 불
러 모으사 모든 귀신을
제어하며 병을 고치는 능
력과 권위를 주시고
2 하나님의 나라를 전파하
며 앓는 자를 고치게 하
려고 내보내시며
3 이르시되 여행을 위하여
아무 것도 가지지 말라
지팡이나 배낭이나 양식
이나 돈이나 두 벌 옷을
가지지 말며
4 어느 집에 들어가든지 거
기서 머물다가 거기서 떠
나라
5 누구든지 너희를 영접하
지 아니하거든 그 성에
서 떠날 때에 너희 발에
서 먼지를 떨어 버려 그
들에게 증거를 삼으라
하시니
6 제자들이 나가 각 마을
에 두루 다니며 곳곳에
복음을 전하며 병을 고
치더라

단어설명

영접(9:5) 손님을 맞아서 대접하는 일.
발에서 먼지를 떨어 버려(9:5) 유대인들은 이방지역을 지난 후 이방에서 묻은 부정한 것이 이스라엘로 들어오지 못하게 한다는 의미로 먼지를 털었다. 영접하지 않는 성의 먼지를 터는 것은 복음을 거부한 곳에 하나님의 심판이 임할 것이란 의미이다.

헤롯이 듣고 심히 당황하다

7 분봉 왕 헤롯이 이 모든
일을 듣고 심히 당황하니
이는 어떤 사람은 요한이
죽은 자 가운데서 살아났
다고도 하며
8 어떤 사람은 엘리야가 나
타났다고도 하며 어떤 사
람은 옛 선지자 한 사람
이 다시 살아났다고도 함
이라
9 헤롯이 이르되 요한은 내
가 목을 베었거늘 이제
이런 일이 들리니 이 사
람이 누군가 하며 그를
보고자 하더라

오천 명을 먹이시다

10 사도들이 돌아와 자기들
이 행한 모든 것을 예수
께 여쭈니 데리시고 따로
벳새다라는 고을로 떠나
가셨으나
11 무리가 알고 따라왔거늘
예수께서 그들을 영접하
사 하나님 나라의 일을
이야기하시며 병 고칠 자
들은 고치시더라
12 날이 저물어 가매 열두
사도가 나아와 여짜오되
무리를 보내어 두루 마을

단어설명

분봉 왕(9:7) 나라의 1/4을 다스리는 왕.
엘리야(9:8) 구약의 선지자. 죽지 않고 회오리바람을 타고 승천했다. 그의 사역은 열왕기상, 열왕기하에 기록되어 있다.
사도(9:10) 복음을 전하고 하나님의 나라를 확장하도록 예수님께 부름 받은 사람들.

과 촌으로 가서 유하며
먹을 것을 얻게 하소서
우리가 있는 여기는 빈
들이니이다
13 예수께서 이르시되 너희
가 먹을 것을 주라 하시
니 여짜오되 우리에게 떡
다섯 개와 물고기 두 마
리밖에 없으니 이 모든
사람을 위하여 먹을 것을
사지 아니하고서는 할 수
없사옵나이다 하니
14 이는 남자가 한 오천 명
됨이러라 제자들에게 이
르시되 떼를 지어 한 오
십 명씩 앉히라 하시니
15 제자들이 이렇게 하여 다
앉힌 후
16 예수께서 떡 다섯 개와
물고기 두 마리를 가지사
하늘을 우러러 축사하시
고 떼어 제자들에게 주어
무리에게 나누어 주게 하
시니
17 먹고 다 배불렀더라 그
남은 조각을 열두 바구니
에 거두니라

베드로의 고백, 죽음과 부활 예고

18 예수께서 따로 기도하실
때에 제자들이 주와 함께

단어설명

떡(9:13) 당시 가난한 사람들이 먹던 보리떡.
물고기(9:13) 당시 일반적으로 먹던 생선이 아닌 아주 작은 물고기.
남자가 한 오천 명(9:14) 유대인들은 남자의 숫자만 세었다. 여자와 어린아이들까지 합하면 만 명이 넘는 큰 무리였을 것이다.

있더니 물어 이르시되 무
리가 나를 누구라고 하느
나
19 대답하여 이르되 세례 요
한이라 하고 더러는 엘리
야라, 더러는 옛 선지자
중의 한 사람이 살아났다
하나이다
20 예수께서 이르시되 너희
는 나를 누구라 하느냐
베드로가 대답하여 이르
되 하나님의 그리스도시
니이다 하니
21 경고하사 이 말을 아무에
게도 이르지 말라 명하시
고
22 이르시되 인자가 많은 고
난을 받고 장로들과 대제
사장들과 서기관들에게
버린 바 되어 죽임을 당
하고 제삼 일에 살아나야
하리라 하시고
23 또 무리에게 이르시되 아
무든지 나를 따라오려거
든 자기를 부인하고 날마
다 제 십자가를 지고 나
를 따를 것이니라
24 누구든지 제 목숨을 구원
하고자 하면 잃을 것이요
누구든지 나를 위하여 제

단어설명

하나님의 그리스도(9:20) 하나님께서 예수님께 기름부어 자신의 종으로 선택하셨다는 의미이다. 이스라엘 백성들에게 약속하신 메시아란 뜻이다.
부인하다(9:23) 어떤 내용이나 사실을 옳거나 그러하다고 인정하지 아니하다.
제 십자가(9:23) 각자에게 주어진 고난과 희생을 가리킨다.

목숨을 잃으면 구원하리
라
25 사람이 만일 온 천하를
얻고도 자기를 잃든지 빼
앗기든지 하면 무엇이 유
익하리요
26 누구든지 나와 내 말을 부
끄러워하면 인자도 자기
와 아버지와 거룩한 천사
들의 영광으로 올 때에 그
사람을 부끄러워하리라
27 내가 참으로 너희에게 이
르노니 여기 서 있는 사
람 중에 죽기 전에 하나
님의 나라를 볼 자들도
있느니라

영광스러운 모습으로 변화되시다

28 이 말씀을 하신 후 팔 일
쯤 되어 예수께서 베드로
와 요한과 야고보를 데리
고 기도하시러 산에 올라
가사
29 기도하실 때에 용모가 변
화되고 그 옷이 희어져
광채가 나더라
30 문득 두 사람이 예수와
함께 말하니 이는 모세와
엘리야라
31 영광중에 나타나서 장차
예수께서 예루살렘에서

단어설명

영광으로 올 때(9:26) 예수님께서 다시 오실 때를 말한다.
용모(9:29) 사람의 얼굴 모양.
광채(9:29) 아름답고 찬란한 빛.
모세, 엘리야(9:30) 모세와 엘리야는 각각 율법과 선지자를 대표한다.

별세하실 것을 말할새
32 베드로와 및 함께 있는
자들이 깊이 졸다가 온전
히 깨어나 예수의 영광과
및 함께 선 두 사람을 보
더니
33 두 사람이 떠날 때에 베
드로가 예수께 여짜오되
주여 우리가 여기 있는
것이 좋사오니 우리가 초
막 셋을 짓되 하나는 주
를 위하여, 하나는 모세
를 위하여, 하나는 엘리
야를 위하여 하사이다 하
되 자기가 하는 말을 자
기도 알지 못하더라
34 이 말 할 즈음에 구름이
와서 그들을 덮는지라 구
름 속으로 들어갈 때에
그들이 무서워하더니
35 구름 속에서 소리가 나서
이르되 이는 나의 아들
곧 택함을 받은 자니 너
희는 그의 말을 들으라
하고
36 소리가 그치매 오직 예수
만 보이더라 제자들이 잠
잠하여 그 본 것을 무엇
이든지 그때에는 아무에
게도 이르지 아니하니라

단어설명

초막 셋(9:33) 초막은 사람이나 가축을 위한 임시처소로, 베드로는 단순히 영광스럽게 변한 예수님의 모습이 좋아 그곳에 계속 머무르고자 초막을 짓겠다고 했다.
구름(9:35) 하나님의 임재를 상징한다.
잠잠하다(9:36) 말이 없이 가만히 있다.

귀신 들린 아이를 낫게 하시다

37 이튿날 산에서 내려오시
니 큰 무리가 맞을새
38 무리 중의 한 사람이 소
리 질러 이르되 선생님
청컨대 내 아들을 돌보아
주옵소서 이는 내 외아들
이니이다
39 귀신이 그를 잡아 갑자기
부르짖게 하고 경련을 일
으켜 거품을 흘리게 하며
몹시 상하게 하고야 겨우
떠나가나이다
40 당신의 제자들에게 내쫓
아 주기를 구하였으나 그
들이 능히 못하더이다
41 예수께서 대답하여 이르
시되 믿음이 없고 패역한
세대여 내가 얼마나 너희
와 함께 있으며 너희에게
참으리요 네 아들을 이리
로 데리고 오라 하시니
42 올 때에 귀신이 그를 거
꾸러뜨리고 심한 경련을
일으키게 하는지라 예수
께서 더러운 귀신을 꾸짖
으시고 아이를 낫게 하사
그 아버지에게 도로 주시
니
43 사람들이 다 하나님의 위

단어설명

경련(9:39) 근육이 갑자기 수축하거나 떨게 되는 현상.
패역하다(9:41) 사람으로서 마땅히 해야 할 도리에 어긋나고 순리를 거슬러 불순하다.
꾸짖다(9:42) 주로 아랫사람의 잘못에 대하여 엄격하게 나무라다. 여기서는 예수님이 귀신을 쫓아내심을 말한다.

엄에 놀라니라

인자가 사람들의 손에 넘겨지리라

그들이 다 그 행하시는
모든 일을 놀랍게 여길새
예수께서 제자들에게 이
르시되
44 이 말을 너희 귀에 담아
두라 인자가 장차 사람들
의 손에 넘겨지리라 하시
되
45 그들이 이 말씀을 알지
못하니 이는 그들로 깨닫
지 못하게 숨긴 바 되었
음이라 또 그들은 이 말
씀을 묻기도 두려워하더
라

누가 크냐

46 제자 중에서 누가 크냐
하는 변론이 일어나니
47 예수께서 그 마음에 변론
하는 것을 아시고 어린
아이 하나를 데려다가 자
기 곁에 세우시고
48 그들에게 이르시되 누구
든지 내 이름으로 이런
어린아이를 영접하면 곧
나를 영접함이요 또 누구
든지 나를 영접하면 곧
나를 보내신 이를 영접함
이라 너희 모든 사람 중

단어설명

위엄(9:43) 존경할 만한 위세가 있어 점잖고 엄숙함. 또는 그런 태도나 기세.
누가 크냐 하는 변론(9:46) 제자들은 예수님을 따르면서도 예수님이 세우시는 하나님 나라의 성격을 몰랐다. 그들의 생각은 명예, 권력, 지위를 누리기 위해 경쟁하는 세상적인 나라에 머물러 있었다.

에 가장 작은 그가 큰 자
니라

너희를 위하는 사람

49 요한이 여짜오되 주여 어
떤 사람이 주의 이름으로
귀신을 내쫓는 것을 우리
가 보고 우리와 함께 따
르지 아니하므로 금하였
나이다
50 예수께서 이르시되 금하
지 말라 너희를 반대하지
않는 자는 너희를 위하는
자니라 하시니라

사마리아의 마을에서 예수를 받아들이지 않다

51 예수께서 승천하실 기약
이 차가매 예루살렘을 향
하여 올라가기로 굳게 결
심하시고
52 사자들을 앞서 보내시매
그들이 가서 예수를 위하
여 준비하려고 사마리아
인의 한 마을에 들어갔더
니
53 예수께서 예루살렘을 향
하여 가시기 때문에 그들
이 받아들이지 아니하는
지라
54 제자 야고보와 요한이 이
를 보고 이르되 주여 우
리가 불을 명하여 하늘로

단어설명

승천(9:51) 예수님이 부활하신 후 제자들에게 나타나 40일 동안 하나님 나라의 일을 말하고 하늘에 오르신 사건을 말한다.
사마리아(9:52) 유대 지방과 갈릴리 지방의 중간 지역. 유대인들은 사마리아인에게 반감이 심해 그 지역으로 들어가지도 않았고, 사마리아인과 대화하지도 않았다.

부터 내려 저들을 멸하라
하기를 원하시나이까
55 예수께서 돌아보시며 꾸
짖으시고
56 함께 다른 마을로 가시니
라

나를 따르라

57 길 가실 때에 어떤 사람
이 여짜오되 어디로 가시
든지 나는 따르리이다
58 예수께서 이르시되 여우
도 굴이 있고 공중의 새
도 집이 있으되 인자는
머리 둘 곳이 없도다 하
시고
59 또 다른 사람에게 나를
따르라 하시니 그가 이르
되 나로 먼저 가서 내 아
버지를 장사하게 허락하
옵소서
60 이르시되 죽은 자들로 자
기의 죽은 자들을 장사하
게 하고 너는 가서 하나
님의 나라를 전파하라 하
시고
61 또 다른 사람이 이르되
주여 내가 주를 따르겠나
이다마는 나로 먼저 내
가족을 작별하게 허락하
소서

단어설명

멸하다(9:54) 망하여 죄다 없어지다. 또는 그렇게 하다.
인자(9:58) 예수님께서 자신을 가리키는 호칭으로 자주 사용하신 표현.
장사(9:59) 죽은 사람을 땅에 묻거나 화장하는 일.
전파(9:60) 어떠한 소식이나 가르침 등을 전하여 널리 퍼뜨림.

62 예수께서 이르시되 손에
쟁기를 잡고 뒤를 돌아보
는 자는 하나님의 나라에
합당하지 아니하니라 하
시니라

예수님은 제자들만이 아닌 70인의 전도자를 세워 파송하시며 천국 복음을 더욱 확장시키십니다. 선한 사마리아인 비유를 통해 참된 이웃 사랑을, 마르다와 마리아의 이야기를 통해 예수님을 섬기는 자가 가져야할 태도를 교훈하십니다.

10

칠십 인을 세워서 보내시다

1 그 후에 주께서 따로 칠십
인을 세우사 친히 가시려
는 각 동네와 각 지역으로
둘씩 앞서 보내시며
2 이르시되 추수할 것은 많
되 일꾼이 적으니 그러므
로 추수하는 주인에게 청
하여 추수할 일꾼들을 보
내 주소서 하라
3 갈지어다 내가 너희를 보
냄이 어린 양을 이리 가
운데로 보냄과 같도다
4 전대나 배낭이나 신발을
가지지 말며 길에서 아무
에게도 문안하지 말며
5 어느 집에 들어가든지 먼
저 말하되 이 집이 평안
할지어다 하라
6 만일 평안을 받을 사람이
거기 있으면 너희의 평안

단어설명

쟁기(9:62) 논밭을 가는 농기구.
둘씩 앞서 보내시며(10:1) 전하는 말씀의 증인이 되고, 서로 협력하기 위한 것으로 추측된다.
추수(10:2) 다 익은 농작물을 거두어들이는 것. 복음을 듣고 구원받아야할 사람들을 말한다.
전대(10:4) 돈이나 물건을 넣어 허리에 매거나 어깨에 두르기 편하도록 만든 자루.

이 그에게 머물 것이요
그렇지 않으면 너희에게
로 돌아오리라
7 그 집에 유하며 주는 것
을 먹고 마시라 일꾼이
그 삯을 받는 것이 마땅
하니라 이 집에서 저 집
으로 옮기지 말라
8 어느 동네에 들어가든지
너희를 영접하거든 너희
앞에 차려놓는 것을 먹
고
9 거기 있는 병자들을 고치
고 또 말하기를 하나님의
나라가 너희에게 가까이
왔다 하라
10 어느 동네에 들어가든지
너희를 영접하지 아니하
거든 그 거리로 나와서
말하되
11 너희 동네에서 우리 발에
묻은 먼지도 너희에게 떨
어버리노라 그러나 하나
님의 나라가 가까이 온
줄을 알라 하라
12 내가 너희에게 말하노니
그날에 소돔이 그 동네보
다 견디기 쉬우리라
13 화 있을진저 고라신아,
화 있을진저 벳새다야,

단어설명

너희 앞에 차려놓는 것을 먹고(10:8) 유대인들은 이방인과 함께 식사하는 것을 꺼려했고 율법이 정한 재료와 방법으로 요리한 음식만을 먹었다. 그러나 제자들은 이런 율법에 매이지 말 것을 명령하신 것이다.

소돔(10:12) 아브라함 시대 때, 하나님께 가장 강력한 심판을 받았던 성읍이다.

너희에게 행한 모든 권능
을 두로와 시돈에서 행하
였더라면 그들이 벌써 베
옷을 입고 재에 앉아 회
개하였으리라
14 심판 때에 두로와 시돈이
너희보다 견디기 쉬우리
라
15 가버나움아 네가 하늘에
까지 높아지겠느냐 음부
에까지 낮아지리라
16 너희 말을 듣는 자는 곧
내 말을 듣는 것이요 너
희를 저버리는 자는 곧
나를 저버리는 것이요 나
를 저버리는 자는 나 보
내신 이를 저버리는 것이
라 하시니라

칠십 인이 돌아오다

17 칠십 인이 기뻐하며 돌아
와 이르되 주여 주의 이
름이면 귀신들도 우리에
게 항복하더이다
18 예수께서 이르시되 사탄
이 하늘로부터 번개같이
떨어지는 것을 내가 보았
노라
19 내가 너희에게 뱀과 전갈
을 밟으며 원수의 모든
능력을 제어할 권능을 주

단어설명

베옷을 입고 재에 앉아 회개(10:13) 유대인들은 회개를 할 때 거친 베옷을 입고 재를 덮어 썼다. 애통하고 회개하는 마음을 행동으로 표현한 것이다.
음부(10:15) 이 세상을 떠난 자들이 있는 음침한 지하 세계.
제어하다(10:19) 상대편을 억눌러서 제 마음대로 다루다.

었으니 너희를 해칠 자가
결코 없으리라
20 그러나 귀신들이 너희에
게 항복하는 것으로 기뻐
하지 말고 너희 이름이
하늘에 기록된 것으로 기
뻐하라 하시니라

예수의 감사 기도

21 그때에 예수께서 성령으
로 기뻐하시며 이르시되
천지의 주재이신 아버지
여 이것을 지혜롭고 슬
기있는 자들에게는 숨기
시고 어린아이들에게는
나타내심을 감사하나이
다 옳소이다 이렇게 된
것이 아버지의 뜻이니이
다
22 내 아버지께서 모든 것을
내게 주셨으니 아버지 외
에는 아들이 누구인지 아
는 자가 없고 아들과 또
아들의 소원대로 계시를
받는 자 외에는 아버지가
누구인지 아는 자가 없나
이다 하시고
23 제자들을 돌아보시며 조
용히 이르시되 너희가 보
는 것을 보는 눈은 복이
있도다

단어설명

주재(10:21) 책임지고 맡아 처리함. 또는 그렇게 하는 사람. 성경에서는 주로 하나님을 말한다.
슬기(10:21) 사리를 바르게 판단하고 일을 잘 처리해 내는 재능.
계시(10:22) 하나님께서 인간을 위해서 하나님 자신과 그 목적, 행동에 대한 참 지식을 인간에게 신중히 밝히시는 것을 말한다.

24 내가 너희에게 말하노니
많은 선지자와 임금이 너
희가 보는 바를 보고자
하였으되 보지 못하였으
며 너희가 듣는 바를 듣
고자 하였으되 듣지 못하
였느니라

자비를 베푼 사마리아 사람

25 어떤 율법교사가 일어나
예수를 시험하여 이르되
선생님 내가 무엇을 하여
야 영생을 얻으리이까
26 예수께서 이르시되 율법
에 무엇이라 기록되었으
며 네가 어떻게 읽느냐
27 대답하여 이르되 네 마음
을 다하며 목숨을 다하며
힘을 다하며 뜻을 다하여
주 너의 하나님을 사랑하
고 또한 네 이웃을 네 자
신같이 사랑하라 하였나
이다
28 예수께서 이르시되 네 대
답이 옳도다 이를 행하라
그러면 살리라 하시니
29 그 사람이 자기를 옳게
보이려고 예수께 여짜오
되 그러면 내 이웃이 누
구니이까
30 예수께서 대답하여 이르

단어설명

율법교사(10:25) 모세의 율법을 잘 알아, 율법을 해석하고 가르쳤다. '서기관' 이라고도 한다.
영생(10:25) 멸하지 않는 영원한 생명, 영원한 삶.
마음, 목숨, 힘, 뜻(10:27) 신명기 6장 5절을 인용한 것으로 흔히 '쉐마' 라고 불린다. 전인격적으로 하나님을 사랑하라는 것을 강조하는 표현이다.

시되 어떤 사람이 예루살
렘에서 여리고로 내려가
다가 강도를 만나매 강도
들이 그 옷을 벗기고 때
려 거의 죽은 것을 버리
고 갔더라
31 마침 한 제사장이 그 길
로 내려가다가 그를 보고
피하여 지나가고
32 또 이와 같이 한 레위인
도 그곳에 이르러 그를
보고 피하여 지나가되
33 어떤 사마리아 사람은 여
행하는 중 거기 이르러
그를 보고 불쌍히 여겨
34 가까이 가서 기름과 포도
주를 그 상처에 붓고 싸
매고 자기 짐승에 태워
주막으로 데리고 가서 돌
보아 주니라
35 그 이튿날 그가 주막 주
인에게 데나리온 둘을 내
어 주며 이르되 이 사람
을 돌보아 주라 비용이
더 들면 내가 돌아올 때
에 갚으리라 하였으니
36 네 생각에는 이 세 사람
중에 누가 강도 만난 자
의 이웃이 되겠느냐
37 이르되 자비를 베푼 자니

단어설명

예루살렘에서 여리고로 내려가다가(10:30) 두 도시를 잇는 길은 가파르고 암석이 많아 도적떼가 많이 나타났다.

레위인(10:32) 성전에서 봉사하는 역할을 맡은 레위지파 사람. 율법상 시체를 가까이하면 안되기 때문에 피하여 지나갔을 것이다.

이다 예수께서 이르시되
가서 너도 이와 같이 하
라 하시니라

마르다와 마리아

38 그들이 길 갈 때에 예수
께서 한 마을에 들어가시
매 마르다라 이름하는 한
여자가 자기 집으로 영접
하더라
39 그에게 마리아라 하는
동생이 있어 주의 발치
에 앉아 그의 말씀을 듣
더니
40 마르다는 준비하는 일이
많아 마음이 분주한지라
예수께 나아가 이르되 주
여 내 동생이 나 혼자 일
하게 두는 것을 생각하지
아니하시나이까 그를 명
하사 나를 도와주라 하소
서
41 주께서 대답하여 이르시
되 마르다야 마르다야 네
가 많은 일로 염려하고
근심하나
42 몇 가지만 하든지 혹은
한 가지만이라도 족하니
라 마리아는 이 좋은 편
을 택하였으니 빼앗기지
아니하리라 하시니라

단어설명

마르다, 마리아(10:38) 나사로의 누이들이다. 마르다는 '여주인' 이라는 뜻으로 예수님을 대접하느라 바빴고, 마리아는 예수님의 발 앞에 앉아 그분의 가르침을 듣는 것을 우선으로 여겼다.
분주하다(10:40) 몹시 바쁘게 뛰어다님. 이리저리 바쁘고 수선스러움.
족하다(10:42) 모자람이 없다고 여겨 더 바라는 바가 없다.

11

주기도문의 내용에 이어 기도의 원리와 믿음으로 구하는 자에게 응답하시는 아버지 하나님의 마음을 설명하십니다. 하나님께 간청하면 성령을 주실 것을 가르치십니다. 한편 유대인은 예수님의 능력이 바알세불을 힘입은 것이라고 비난하였고, 예수님을 그들을 책망하십니다.

기도를 가르치시다

1 예수께서 한 곳에서 기도
하시고 마치시매 제자 중
하나가 여짜오되 주여 요
한이 자기 제자들에게 기
도를 가르친 것과 같이
우리에게도 가르쳐 주옵
소서
2 예수께서 이르시되 너희
는 기도할 때에 이렇게
하라 아버지여 이름이 거
룩히 여김을 받으시오며
나라가 임하시오며
3 우리에게 날마다 일용할
양식을 주시옵고
4 우리가 우리에게 죄 지은
모든 사람을 용서하오니
우리 죄도 사하여 주시옵
고 우리를 시험에 들게
하지 마시옵소서 하라
5 또 이르시되 너희 중에
누가 벗이 있는데 밤중에
그에게 가서 말하기를 벗
이여 떡 세 덩이를 내게
꾸어 달라
6 내 벗이 여행중에 내게

단어설명

거룩(11:2) 하나님의 완전하심 또는 성도들이 세속적인 것들로부터 구별됨을 뜻한다.
일용할 양식(11:3) 날마다 필요한 양식.
벗(11:5) 비슷한 또래로서 서로 친하게 사귀는 사람.
떡 세 덩이(11:5) 한 사람을 대접하는 데 필요한 양이다.

왔으나 내가 먹일 것이
없노라 하면
7 그가 안에서 대답하여 이
르되 나를 괴롭게 하지
말라 문이 이미 닫혔고
아이들이 나와 함께 침실
에 누웠으니 일어나 네게
줄 수가 없노라 하겠느냐
8 내가 너희에게 말하노니
비록 벗됨으로 인하여서
는 일어나서 주지 아니할
지라도 그 간청함을 인하
여 일어나 그 요구대로
주리라
9 내가 또 너희에게 이르노
니 구하라 그리하면 너희에
게 주실 것이요 찾으라
그리하면 찾아낼 것이요 문
을 두드리라 그리하면 너희
에게 열릴 것이니
10 구하는 이마다 받을 것이
요 찾는 이는 찾아낼 것
이요 두드리는 이에게는
열릴 것이니라
11 너희 중에 아버지 된 자
로서 누가 아들이 생선을
달라 하는데 생선 대신에
뱀을 주며
12 알을 달라 하는데 전갈을
주겠느냐

단어설명

아이들이 나와 함께 침실에(11:7) 당시는 일반적으로 어른이 입는 겉옷을 펼쳐서 이불로 사용했기 때문에 주인이 일어나면 온가족이 함께 일어나야 했다.

간청하다(11:8) 간절히 청한다는 의미인데, 원어를 살펴보면 '부끄러움에도 불구하고 계속해서 간구하는 것' 을 뜻하는 표현이 쓰였다.

13 너희가 악할지라도 좋은
것을 자식에게 줄 줄 알
거든 하물며 너희 하늘
아버지께서 구하는 자에
게 성령을 주시지 않겠느
냐 하시니라

예수와 바알세불

14 예수께서 한 말 못하게
하는 귀신을 쫓아내시니
귀신이 나가매 말 못하는
사람이 말하는지라 무리
들이 놀랍게 여겼으나
15 그 중에 더러는 말하기를
그가 귀신의 왕 바알세불
을 힘입어 귀신을 쫓아낸
다 하고
16 또 더러는 예수를 시험하
여 하늘로부터 오는 표적
을 구하니
17 예수께서 그들의 생각을
아시고 이르시되 스스로
분쟁하는 나라마다 황폐
하여지며 스스로 분쟁하
는 집은 무너지느니라
18 너희 말이 내가 바알세불
을 힘입어 귀신을 쫓아낸
다 하니 만일 사탄이 스
스로 분쟁하면 그의 나라
가 어떻게 서겠느냐
19 내가 바알세불을 힘입어

단어설명

바알세불(11:15) 신약에서 '귀신의 왕(사단)'으로 불리던 팔레스타인의 토착신 '바알세붑'을 가리킨다. 이 이름의 뜻은 바알세붑과 달리 '왕이신 바알' 또는 '하늘의 주'다.
하늘로부터 오는 표적(11:16) 예수님이 하나님께서 보내신 메시아라는 것을 증명하는 표적.
분쟁(11:17) 말썽을 일으키어 시끄럽고 복잡하게 다툼.

귀신을 쫓아내면 너희 아
들들은 누구를 힘입어 쫓
아내느냐 그러므로 그들
이 너희 재판관이 되리라
20 그러나 내가 만일 하나님
의 손을 힘입어 귀신을
쫓아낸다면 하나님의 나
라가 이미 너희에게 임하
였느니라
21 강한 자가 무장을 하고
자기 집을 지킬 때에는
그 소유가 안전하되
22 더 강한 자가 와서 그를
굴복시킬 때에는 그가 민
던 무장을 빼앗고 그의
재물을 나누느니라
23 나와 함께하지 아니하는
자는 나를 반대하는 자요
나와 함께 모으지 아니하
는 자는 헤치는 자니라
24 더러운 귀신이 사람에게
서 나갔을 때에 물 없는
곳으로 다니며 쉬기를 구
하되 얻지 못하고 이에
이르되 내가 나온 내 집
으로 돌아가리라 하고
25 가서 보니 그 집이 청소
되고 수리되었거늘
26 이에 가서 저보다 더 악
한 귀신 일곱을 데리고

단어설명

힘입다(11:19) 어떤 힘의 도움을 받다. 어떤 힘의 영향을 받다.
하나님의 손(11:20) 하나님의 능력, 혹은 성령을 의미하는 표현이다.
소유(11:21) 자기의 것으로 가지는 것. 또는 자기 몫으로 가지는 물건을 말한다.
굴복(11:22) 힘이 모자라서 복종하다.

들어가서 거하니 그 사람
의 나중 형편이 전보다
더 심하게 되느니라

복이 있는 자

27 이 말씀을 하실 때에 무
리 중에서 한 여자가 음
성을 높여 이르되 당신을
밴 태와 당신을 먹인 젖
이 복이 있나이다 하니
28 예수께서 이르시되 오히
려 하나님의 말씀을 듣고
지키는 자가 복이 있느니
라 하시니라

악한 세대가 표적을 구하나

29 무리가 모였을 때에 예수
께서 말씀하시되 이 세대
는 악한 세대라 표적을
구하되 요나의 표적밖에
는 보일 표적이 없나니
30 요나가 니느웨 사람들에
게 표적이 됨과 같이 인
자도 이 세대에 그러하리
라
31 심판 때에 남방 여왕이
일어나 이 세대 사람을
정죄하리니 이는 그가 솔
로몬의 지혜로운 말을 들
으려고 땅 끝에서 왔음이
거니와 솔로몬보다 더 큰
이가 여기 있으며

단어설명

요나의 표적(11:29) 요나의 표적은 예수님의 십자가와 부활을 의미한다.
니느웨(11:30) 고대 메소포타미아 성읍 가운데 하나이며, 앗수르 제국의 수도.
남방 여왕(11:31) 서남 아라비아의 나라인 스바의 여왕(열왕기상 10장 1절).
솔로몬(11:31) 다윗의 아들로 하나님의 성전을 짓고, 부귀영화를 누렸던 이스라엘의 왕.

32 심판 때에 니느웨 사람들
이 일어나 이 세대 사람
을 정죄하리니 이는 그들
이 요나의 전도를 듣고
회개하였음이거니와 요
나보다 더 큰 이가 여기
있느니라

눈은 몸의 등불

33 누구든지 등불을 켜서 움
속에나 말 아래에 두지
아니하고 등경 위에 두나
니 이는 들어가는 자로
그 빛을 보게 하려 함이
라
34 네 몸의 등불은 눈이라
네 눈이 성하면 온몸이
밝을 것이요 만일 나쁘면
네 몸도 어두우리라
35 그러므로 네 속에 있는
빛이 어둡지 아니한가 보
라
36 네 온몸이 밝아 조금도
어두운 데가 없으면 등불
의 빛이 너를 비출 때와
같이 온전히 밝으리라 하
시니라

바리새인과 율법교사

37 예수께서 말씀하실 때에
한 바리새인이 자기와 함
께 점심 잡수시기를 청하

단어설명

전도(11:32) 복음을 전하는 일.
말(11:33) 곡식, 액체, 가루 등의 분량을 재는 데 쓰는 그릇으로 약 18리터이다.
바리새인(11:37) 유대교 안에서 발생한 종교 분파 가운데 하나. 율법에 대한 엄격한 준수, 성경 외적인 관습과 전통들의 전수 등의 특징을 가지고 있다.

므로 들어가 앉으셨더니
38 잡수시기 전에 손 씻지
아니하심을 그 바리새인
이 보고 이상히 여기는지
라
39 주께서 이르시되 너희 바
리새인은 지금 잔과 대접
의 겉은 깨끗이 하나 너
희 속에는 탐욕과 악독이
가득하도다
40 어리석은 자들아 겉을 만
드신 이가 속도 만들지
아니하셨느냐
41 그러나 그 안에 있는 것
으로 구제하라 그리하면
모든 것이 너희에게 깨끗
하리라
42 화 있을진저 너희 바리새
인이여 너희가 박하와 운
향과 모든 채소의 십일조
는 드리되 공의와 하나님
께 대한 사랑은 버리는도
다 그러나 이것도 행하고
저것도 버리지 말아야 할
지니라
43 화 있을진저 너희 바리새
인이여 너희가 회당의 높
은 자리와 시장에서 문안
받는 것을 기뻐하는도다
44 화 있을진저 너희여 너희

단어설명

탐욕과 악독(11:39) 지나치게 탐하는 욕심과 흉악하고 독한 마음. 바리새인은 겉으로는 거룩한 척하나 마음은 진정으로 회개하지 않았다.

박하와 운향(11:42) 음식을 향기롭게 만드는 아주 작은 풀들. 바리새인들은 율법을 확대해석하여 이 풀까지도 십일조를 드렸다.

는 평토장한 무덤 같아서
그 위를 밟는 사람이 알
지 못하느니라
45 한 율법교사가 예수께 대
답하여 이르되 선생님 이
렇게 말씀하시니 우리까
지 모욕하심이니이다
46 이르시되 화 있을진저 또
너희 율법교사여 지기 어
려운 짐을 사람에게 지우
고 너희는 한 손가락도
이 짐에 대지 않는도다
47 화 있을진저 너희는 선지
자들의 무덤을 만드는도
다 그들을 죽인 자도 너
희 조상들이로다
48 이와 같이 그들은 죽이고
너희는 무덤을 만드니 너
희가 너희 조상의 행한
일에 증인이 되어 옳게
여기는도다
49 그러므로 하나님의 지혜
가 일렀으되 내가 선지자
와 사도들을 그들에게 보
내리니 그 중에서 더러는
죽이며 또 박해하리라 하
였느니라
50 창세 이후로 흘린 모든
선지자의 피를 이 세대가
담당하되

단어설명

평토장(11:44) 봉긋한 흙더미를 만들지 않고 평평하게 매장하는 것. 율법은 무덤에 닿는 것을 금하는데, 바리새인은 표시 없는 무덤 같이 사람들을 부정하게 만들고 있다는 뜻이다.

지기 어려운 짐(11:46) 당시 서기관들은 모세 율법 외에도 613조에 달하는 규칙을 만들어 사람들에게 지키게 했다.

51 곧 아벨의 피로부터 제단
과 성전 사이에서 죽임을
당한 사가랴의 피까지 하
리라 내가 너희에게 이르
노니 과연 이 세대가 담
당하리라
52 화 있을진저 너희 율법교
사여 너희가 지식의 열쇠
를 가져가서 너희도 들어
가지 않고 또 들어가고자
하는 자도 막았느니라 하
시니라
53 거기서 나오실 때에 서기
관과 바리새인들이 거세
게 달려들어 여러 가지
일을 따져 묻고
54 그 입에서 나오는 말을
책잡고자 하여 노리고 있
더라

12

예수님을 반대하는 자들의 위협과 책잡으려는 시도가 심해지자 제자들이 두려워합니다. 그런 제자들에게 예수님은 제자도의 본질을 가르치시고, 언제 어떤 상황에서도 우리를 지키시고 보호하시는 하나님을 믿으라 말씀하시며 위로하십니다.

바리새인들의 외식을 주의하라

1 그 동안에 무리 수만 명
이 모여 서로 밟힐 만큼
되었더니 예수께서 먼저
제자들에게 말씀하여 이
르시되 바리새인들의 누
룩 곧 외식을 주의하라

단어설명

아벨의 피…사가랴의 피까지(11:51) '창세기에서 요한계시록까지' 라는 표현과 비슷하다. 구약의 순교 역사 전체를 말하는 것이다.
화(11:52) 모든 재앙과 액화.
책잡다(11:54) 남의 잘못을 들어 나무라다.

2 감추인 것이 드러나지 않
을 것이 없고 숨긴 것이
알려지지 않을 것이 없나
니
3 이러므로 너희가 어두운
데서 말한 모든 것이 광
명한 데서 들리고 너희가
골방에서 귀에 대고 말한
것이 지붕 위에서 전파되
리라
4 내가 내 친구 너희에게
말하노니 몸을 죽이고 그
후에는 능히 더 못하는
자들을 두려워하지 말라
5 마땅히 두려워할 자를 내
가 너희에게 보이리니 곧
죽인 후에 또한 지옥에
던져 넣는 권세 있는 그
를 두려워하라 내가 참으
로 너희에게 이르노니 그
를 두려워하라
6 참새 다섯 마리가 두 앗
사리온에 팔리는 것이 아
니냐 그러나 하나님 앞에
는 그 하나도 잊어버리시
는 바 되지 아니하는도다
7 너희에게는 심지어 머리
털까지도 다 세신 바 되
었나니 두려워하지 말라
너희는 많은 참새보다 더

단어설명

누룩(12:1) 누룩은 은밀하게 퍼져 전체에 큰 영향을 미치는 효과를 말한다.
외식(12:1) 겉치레.
광명(12:3) 밝고 환함.
앗사리온(12:6) 동전의 명칭.

귀하니라
8 내가 또한 너희에게 말하
노니 누구든지 사람 앞에
서 나를 시인하면 인자도
하나님의 사자들 앞에서
그를 시인할 것이요
9 사람 앞에서 나를 부인하
는 자는 하나님의 사자들
앞에서 부인을 당하리라
10 누구든지 말로 인자를 거
역하면 사하심을 받으려
니와 성령을 모독하는 자
는 사하심을 받지 못하리
라
11 사람이 너희를 회당이나
위정자나 권세 있는 자
앞에 끌고 가거든 어떻게
무엇으로 대답하며 무엇
으로 말할까 염려하지 말
라
12 마땅히 할 말을 성령이
곧 그때에 너희에게 가르
치시리라 하시니라

한 부자 비유

13 무리 중에 한 사람이 이
르되 선생님 내 형을 명
하여 유산을 나와 나누게
하소서 하니
14 이르시되 이 사람아 누가
나를 너희의 재판장이나

단어설명

시인(12:8) 어떤 내용이나 사실이 옳거나 그러하다고 인정함.
부인(12:9) 어떤 내용이나 사실을 옳거나 그러하다고 인정하지 아니함.
모독(12:10) 신성한 것이나 존엄한 것을 욕되게 하는 일. 또는 말과 행동으로 더럽혀 욕되게 함을 일컫는 말이다.

물건 나누는 자로 세웠느
나 하시고
15 그들에게 이르시되 삼가
모든 탐심을 물리치라 사
람의 생명이 그 소유의
넉넉한 데 있지 아니하니
라 하시고
16 또 비유로 그들에게 말하
여 이르시되 한 부자가
그 밭에 소출이 풍성하매
17 심중에 생각하여 이르되
내가 곡식 쌓아 둘 곳이
없으니 어찌할까 하고
18 또 이르되 내가 이렇게
하리라 내 곳간을 헐고
더 크게 짓고 내 모든 곡
식과 물건을 거기 쌓아
두리라
19 또 내가 내 영혼에게 이
르되 영혼아 여러 해 쓸
물건을 많이 쌓아 두었으
니 평안히 쉬고 먹고 마
시고 즐거워하자 하리라
하되
20 하나님은 이르시되 어리
석은 자여 오늘 밤에 네
영혼을 도로 찾으리니 그
러면 네 준비한 것이 누
구의 것이 되겠느냐 하셨
으니

단어설명

소출(12:16) 논밭에서 생산되는 곡식 또는 그 곡식의 양.
곳간(12:18) 쌀, 과일, 집기 등 물건을 간직하여 두는 곳.
오늘 밤(12:20) 부자는 '여러 해'를 준비하고자 했다. 그러나 하나님은 '오늘 밤'에 그의 생명을 거두어 가실 것을 계획하셨다.

21 자기를 위하여 재물을 쌓
아 두고 하나님께 대하여
부요하지 못한 자가 이와
같으니라

목숨과 몸을 위하여 염려하지 말라

22 또 제자들에게 이르시되
그러므로 내가 너희에게
이르노니 너희 목숨을 위
하여 무엇을 먹을까 몸을
위하여 무엇을 입을까 염
려하지 말라
23 목숨이 음식보다 중하고
몸이 의복보다 중하니라
24 까마귀를 생각하라 심지
도 아니하고 거두지도 아
니하며 골방도 없고 창고
도 없으되 하나님이 기르
시나니 너희는 새보다 얼
마나 더 귀하냐
25 또 너희 중에 누가 염려
함으로 그 키를 한 자라
도 더할 수 있느냐
26 그런즉 가장 작은 일도
하지 못하면서 어찌 다른
일들을 염려하느냐
27 백합화를 생각하여 보라
실도 만들지 않고 짜지도
아니하느니라 그러나 내
가 너희에게 말하노니 솔
로몬의 모든 영광으로도

단어설명

중하다(12:23) 매우 소중하다.
골방(12:24) 당시 집에서 창고로 사용하던 방.
그 키를…더할 수 있느냐(12:25) '자신의 생명을 조금이라도 늘릴 수 있겠느냐'는 의미와 같다.
염려(12:26) 앞일에 대하여 여러 가지로 마음을 써서 걱정함. 또는 그런 걱정.

입은 것이 이 꽃 하나만
큼 훌륭하지 못하였느니
라
28 오늘 있다가 내일 아궁이
에 던져지는 들풀도 하나
님이 이렇게 입히시거든
하물며 너희일까보냐 믿
음이 작은 자들아
29 너희는 무엇을 먹을까 무
엇을 마실까 하여 구하지
말며 근심하지도 말라
30 이 모든 것은 세상 백성
들이 구하는 것이라 너희
아버지께서는 이런 것이
너희에게 있어야 할 것을
아시느니라
31 다만 너희는 그의 나라를
구하라 그리하면 이런 것
들을 너희에게 더하시리
라
32 적은 무리여 무서워 말라
너희 아버지께서 그 나라
를 너희에게 주시기를 기
뻐하시느니라
33 너희 소유를 팔아 구제하
여 낡아지지 아니하는 배
낭을 만들라 곧 하늘에
둔 바 다함이 없는 보물
이니 거기는 도둑도 가까
이하는 일이 없고 좀도

단어설명

아궁이(12:28) 방이나 솥 등에 불을 때기 위하여 만든 구멍.
하물며(12:28) 그도 그러한데 더욱이. 앞의 사실이 그렇다면 뒤의 사실은 말할 것도 없다는 뜻의 접속 부사.
그의 나라를 구하라(12:31) 자신만을 위해 살아가지 말고 하나님의 의를 추구하며, 하나님의 통치가 이 땅에도 임하기를 간절히 바라라는 뜻이다.

먹는 일이 없느니라
34 너희 보물 있는 곳에는
너희 마음도 있으리라

깨어 준비하고 있으라

35 허리에 띠를 띠고 등불을
켜고 서 있으라
36 너희는 마치 그 주인이
혼인 집에서 돌아와 문을
두드리면 곧 열어 주려고
기다리는 사람과 같이 되
라
37 주인이 와서 깨어 있는
것을 보면 그 종들은 복
이 있으리로다 내가 진실
로 너희에게 이르노니 주
인이 띠를 띠고 그 종들
을 자리에 앉히고 나아와
수종들리라
38 주인이 혹 이경에나 혹
삼경에 이르러서도 종들
이 그같이 하고 있는 것
을 보면 그 종들은 복이
있으리로다
39 너희도 아는 바니 집주인
이 만일 도둑이 어느 때
에 이를 줄 알았더라면
그 집을 뚫지 못하게 하
였으리라
40 그러므로 너희도 준비하
고 있으라 생각하지 않은

단어설명

허리에 띠를 띠고(12:35) 긴 옷을 고정하여 자유롭게 활동할 수 있게 하라는 뜻으로, 여행을 위한 준비의 표시이며, 봉사의 표시였다.
수종(12:37) 남을 따라다니며 곁에서 심부름을 하는 등, 시중을 들고 섬기는 것.
이경, 삼경(12:38) 로마인들은 밤을 4경으로 나누었다. 이경은 9~12시, 삼경은 12~3시이다.

때에 인자가 오리라 하시
니라
41 베드로가 여짜오되 주께
서 이 비유를 우리에게
하심이니이까 모든 사람
에게 하심이니이까
42 주께서 이르시되 지혜 있
고 진실한 청지기가 되어
주인에게 그 집 종들을
맡아 때를 따라 양식을
나누어 줄 자가 누구냐
43 주인이 이를 때에 그 종
이 그렇게 하는 것을 보
면 그 종은 복이 있으리
로다
44 내가 참으로 너희에게 이
르노니 주인이 그 모든
소유를 그에게 맡기리라
45 만일 그 종이 마음에 생
각하기를 주인이 더디 오
리라 하여 남녀 종들을
때리며 먹고 마시고 취하
게 되면
46 생각하지 않은 날 알지
못하는 시각에 그 종의
주인이 이르러 엄히 때리
고 신실하지 아니한 자의
받는 벌에 처하리니
47 주인의 뜻을 알고도 준비
하지 아니하고 그 뜻대로

단어설명

비유(12:41) 어떤 현상이나 사물을 직접 설명하지 아니하고 다른 비슷한 현상이나 사물에 빗대어서 설명하는 일.
청지기(12:42) 일반적으로 집의 업무를 맡아 보는 사람을 말한다. 주인의 식탁에서 시중드는 일, 가정의 다른 종들에 대한 관리, 주인의 재산을 관리하는 일 등을 한다.

행하지 아니한 종은 많이
맞을 것이요
48 알지 못하고 맞을 일을
행한 종은 적게 맞으리라
무릇 많이 받은 자에게는
많이 요구할 것이요 많이
맡은 자에게는 많이 달라
할 것이니라

불을 던지러, 분쟁을 일으키러 왔다

49 내가 불을 땅에 던지러
왔노니 이 불이 이미 붙
었으면 내가 무엇을 원하
리요
50 나는 받을 세례가 있으니
그것이 이루어지기까지
나의 답답함이 어떠하겠
느냐
51 내가 세상에 화평을 주려
고 온 줄로 아느냐 내가
너희에게 이르노니 아니
라 도리어 분쟁하게 하려
함이로라
52 이후부터 한 집에 다섯
사람이 있어 분쟁하되 셋
이 둘과, 둘이 셋과 하리
니
53 아버지가 아들과, 아들이
아버지와, 어머니가 딸
과, 딸이 어머니와, 시어
머니가 며느리와, 며느리

단어설명

불(12:49) 예수님께서 선포하신 하나님 나라의 복음, 성령과 심판의 이미지이다.
화평(12:51) 화목하고 평온함.
분쟁(12:52) 어떤 말씀 때문에 서로 시끄럽게 다투는 일을 말하는데, 여기에서는 악에 대한 심판으로 인한 진리와 비진리의 싸움을 말한다.

가 시어머니와 분쟁하리
라 하시니라

시대를 분간하고, 화해하기를 힘쓰라

54 또 무리에게 이르시되 너
희가 구름이 서쪽에서 이
는 것을 보면 곧 말하기
를 소나기가 오리라 하나
니 과연 그러하고
55 남풍이 부는 것을 보면
말하기를 심히 더우리라
하나니 과연 그러하니라
56 외식하는 자여 너희가 천
지의 기상은 분간할 줄
알면서 어찌 이 시대는
분간하지 못하느냐
57 또 어찌하여 옳은 것을
스스로 판단하지 아니하
느냐
58 네가 너를 고발하는 자와
함께 법관에게 갈 때에
길에서 화해하기를 힘쓰
라 그가 너를 재판장에게
끌어 가고 재판장이 너를
옥졸에게 넘겨주어 옥졸
이 옥에 가둘까 염려하라
59 네게 이르노니 한 푼이라
도 남김이 없이 갚지 아
니하고서는 결코 거기서
나오지 못하리라 하시니
라

단어설명

외식하는 자(12:56) 위선자를 말한다. 다른 사람들 앞에서 겉치레하기를 좋아하는 사람들을 예수님께서 책망하는 표현이다.
분간(12:56) 어떤 대상이나 사물을 다른 것과 구별하여 냄.
옥졸(12:58) 옥에 갇힌 사람을 맡아 지키던 사람.

13

예수님은 바리새인을 비롯한 모든 이들에게 회개를 촉구하시며 그들의 반대에도 안식일에 병자를 치유하십니다. 하나님의 나라에 대해 설명하시며 좁은 문으로 들어갈 것을 권면하십니다. 그리고 예루살렘의 멸망을 탄식하십니다.

회개하지 아니하면 망하리라

1 그 때 마침 두어 사람이
와서 빌라도가 어떤 갈릴
리 사람들의 피를 그들의
제물에 섞은 일로 예수께
아뢰니
2 대답하여 이르시되 너희
는 이 갈릴리 사람들이
이같이 해 받으므로 다른
모든 갈릴리 사람보다 죄
가 더 있는 줄 아느냐
3 너희에게 이르노니 아니
라 너희도 만일 회개하지
아니하면 다 이와 같이
망하리라
4 또 실로암에서 망대가 무
너져 치어 죽은 열여덟
사람이 예루살렘에 거한
다른 모든 사람보다 죄가
더 있는 줄 아느냐
5 너희에게 이르노니 아니
라 너희도 만일 회개하지
아니하면 다 이와 같이
망하리라

열매 맺지 못하는 무화과나무 비유

6 이에 비유로 말씀하시되

단어설명

회개(13:3) 잘못을 완전히 뉘우치며 하나님의 뜻대로 살고자 돌이키는 것이다.
실로암(13:4) 예루살렘 남동쪽 성벽 근처의 저수지였다.
망대(13:4) 적이나 주위의 동정을 살피기 위하여 높이 세운 곳.
죄가 더 있는 줄 아느냐(13:4) 유대인들은 사고나 불행이 개인적인 죄의 결과라고 생각했다.

한 사람이 포도원에 무화
과나무를 심은 것이 있더
니 와서 그 열매를 구하
였으나 얻지 못한지라
7 포도원지기에게 이르되
내가 삼 년을 와서 이 무
화과나무에서 열매를 구
하되 얻지 못하니 찍어버
리라 어찌 땅만 버리게
하겠느냐
8 대답하여 이르되 주인이
여 금년에도 그대로 두소
서 내가 두루 파고 거름
을 주리니
9 이후에 만일 열매가 열면
좋거니와 그렇지 않으면
찍어버리소서 하였다 하
시니라

안식일에 꼬부라진 여자를 고치시다

10 예수께서 안식일에 한 회
당에서 가르치실 때에
11 열여덟 해 동안이나 귀신
들려 앓으며 꼬부라져 조
금도 펴지 못하는 한 여
자가 있더라
12 예수께서 보시고 불러 이
르시되 여자여 네가 네
병에서 놓였다 하시고
13 안수하시니 여자가 곧 펴
고 하나님께 영광을 돌리

단어설명

안식일(13:10) 이스라엘인의 종교에 있어서 가장 초기부터 안식의 날로 준수되어져온 일주일의 일곱 번째 날을 가리킨다. 금요일 일몰에서 토요일 일몰까지를 이르는데, 이날은 모든 일을 하지 않고 휴식을 취한다.
안수하다(13:13) 머리에 손을 얹고 기도하는 것으로 여기에서는 축복을 의미한다.

는지라
14 회당장이 예수께서 안식
일에 병 고치시는 것을
분 내어 무리에게 이르
되 일할 날이 엿새가 있
으니 그 동안에 와서 고
침을 받을 것이요 안식
일에는 하지 말 것이니
라 하거늘
15 주께서 대답하여 이르시
되 외식하는 자들아 너희
가 각각 안식일에 자기의
소나 나귀를 외양간에서
풀어내어 이끌고 가서 물
을 먹이지 아니하느냐
16 그러면 열여덟 해 동안
사탄에게 매인 바 된 이
아브라함의 딸을 안식일
에 이 매임에서 푸는 것
이 합당하지 아니하냐
17 예수께서 이 말씀을 하시
매 모든 반대하는 자들은
부끄러워하고 온 무리는
그가 하시는 모든 영광스
러운 일을 기뻐하니라

겨자씨와 누룩 비유

18 그러므로 예수께서 이르
시되 하나님의 나라가 무
엇과 같을까 내가 무엇으
로 비교할까

단어설명

회당장(13:14) 회당 관리자로 예배의 사회를 맡고, 선지서를 읽고, 기도를 하고 설교를 할 사람을 택하는 일을 했다.
사탄(13:16) 하나님의 대적자. 마귀라고도 한다.
합당하다(13:16) 어떤 기준, 조건, 용도, 도리 등이 꼭 알맞다.

19 마치 사람이 자기 채소밭
에 갖다 심은 겨자씨 한
알 같으니 자라 나무가
되어 공중의 새들이 그
가지에 깃들였느니라
20 또 이르시되 내가 하나님
의 나라를 무엇으로 비교
할까
21 마치 여자가 가루 서 말
속에 갖다 넣어 전부 부
풀게 한 누룩과 같으니라
하셨더라

좁은 문으로 들어가기를 힘쓰라

22 예수께서 각 성 각 마을
로 다니사 가르치시며 예
루살렘으로 여행하시더
니
23 어떤 사람이 여짜오되 주
여 구원을 받는 자가 적
으니이까 그들에게 이르
시되
24 좁은 문으로 들어가기를
힘쓰라 내가 너희에게 이
르노니 들어가기를 구하
여도 못하는 자가 많으리
라
25 집주인이 일어나 문을 한
번 닫은 후에 너희가 밖
에 서서 문을 두드리며
주여 열어 주소서 하면

단어설명

겨자씨(13:19) 다른 씨앗에 비해 유난히 작다. 그러나 다 자란 겨자나무는 키가 3미터나 된다.
공중의 새들(13:19) 복음을 믿게 될 세계의 민족들을 상징한다.
좁은 문으로…힘쓰라(13:24) 하나님의 임재와 축복으로 나아가기 위한 의를 비유한다. '힘쓰라' 는 것은 좁은 문을 선택하기 위한 힘든 노력과 싸움이 따름을 보여준다.

그가 대답하여 이르되 나
는 너희가 어디에서 온
자인지 알지 못하노라 하
리니
26 그 때에 너희가 말하되
우리는 주 앞에서 먹고
마셨으며 주는 또한 우리
의 길거리에서 가르치셨
나이다 하나
27 그가 너희에게 말하여 이
르되 나는 너희가 어디에
서 왔는지 알지 못하노라
행악하는 모든 자들아 나
를 떠나 가라 하리라
28 너희가 아브라함과 이삭
과 야곱과 모든 선지자는
하나님 나라에 있고 오직
너희는 밖에 쫓겨난 것을
볼 때에 거기서 슬피 울
며 이를 갈리라
29 사람들이 동서남북으로
부터 와서 하나님의 나라
잔치에 참여하리니
30 보라 나중 된 자로서 먼
저 될 자도 있고 먼저 된
자로서 나중 될 자도 있
느니라 하시더라

선지자들을 죽이는 예루살렘아

31 곧 그 때에 어떤 바리새
인들이 나아와서 이르되

단어설명

행악(13:27) 모질고 나쁜 짓을 행함. 또는 그런 행동.
슬피 울며 이를 갈다(13:28) 회개할 기회가 없어 절망하고, 낙심하는 것이다.
나중 된 자(13:30) 하나님의 부름을 늦게 받은 이방인들.
먼저 된 자(13:30) 일찍 부름을 받은 유대인들을 말한다.

나가서 여기를 떠나소서
헤롯이 당신을 죽이고자
하나이다
32 이르시되 너희는 가서 저
여우에게 이르되 오늘과
내일은 내가 귀신을 쫓아
내며 병을 고치다가 제삼
일에는 완전하여지리라
하라
33 그러나 오늘과 내일과 모
레는 내가 갈 길을 가야
하리니 선지자가 예루살
렘 밖에서는 죽는 법이
없느니라
34 예루살렘아 예루살렘아
선지자들을 죽이고 네게
파송된 자들을 돌로 치는
자여 암탉이 제 새끼를
날개 아래에 모음같이 내
가 너희의 자녀를 모으려
한 일이 몇 번이냐 그러
나 너희가 원하지 아니하
였도다
35 보라 너희 집이 황폐하여
버린 바 되리라 내가 너
희에게 이르노니 너희가
주의 이름으로 오시는 이
를 찬송하리로다 할 때까
지는 나를 보지 못하리라
하시니라

단어설명

여우(13:32) 가장 간교하며 해롭고 하찮은 사람이라는 뜻으로 유대인들이 사용하는 표현이다. 예수님께서는 세례 요한을 죽이고 부귀 영화를 누리며 사는 헤롯을 여우라고 하셨다.
파송(13:34) 임무를 주어 사람을 보내는 일.
황폐하다(13:35) 거칠고 메마르다.

14

예수님은 안식일에 수종병 든 자를 고쳐주시며 곤란에 처한 자를 돕는 것이 합당하다고 하십니다. 또한 큰 잔치 비유를 통해 복음의 초청을 거부한 유대인들의 불신앙과 믿음으로 그것을 받아들인 자들에 대한 축복을 대조시켜 설명하십니다.

수종병 든 사람을 고치시다

1 안식일에 예수께서 한 바
리새인 지도자의 집에 떡
잡수시러 들어가시니 그
들이 엿보고 있더라
2 주의 앞에 수종병 든 한
사람이 있는지라
3 예수께서 대답하여 율법
교사들과 바리새인들에
게 이르시되 안식일에 병
고쳐 주는 것이 합당하냐
아니하냐
4 그들이 잠잠하거늘 예수
께서 그 사람을 데려다가
고쳐 보내시고
5 또 그들에게 이르시되 너
희 중에 누가 그 아들이
나 소가 우물에 빠졌으면
안식일에라도 곧 끌어내
지 않겠느냐 하시니
6 그들이 이에 대하여 대답
하지 못하니라

끝자리에 앉으라

7 청함을 받은 사람들이 높
은 자리 택함을 보시고
그들에게 비유로 말씀하

단어설명

수종병(14:2) '고창병' 이라고도 하는데, 심장이나 신장에 문제가 생겨 세포안에 물이 차올라 몸이 부풀어 오르는 병이다.

높은 자리(14:7) 디귿(ㄷ)자 모양의 식탁에서 중앙이 가장 높은 자리고, 다음은 다른 두 면의 중앙이 높은 자리였다.

여 이르시되
8 네가 누구에게나 혼인 잔
치에 청함을 받았을 때에
높은 자리에 앉지 말라
그렇지 않으면 너보다 더
높은 사람이 청함을 받은
경우에
9 너와 그를 청한 자가 와
서 너더러 이 사람에게
자리를 내주라 하리니 그
때에 네가 부끄러워 끝자
리로 가게 되리라
10 청함을 받았을 때에 차라
리 가서 끝자리에 앉으라
그러면 너를 청한 자가
와서 너더러 벗이여 올라
앉으라 하리니 그때에야
함께 앉은 모든 사람 앞
에서 영광이 있으리라
11 무릇 자기를 높이는 자는
낮아지고 자기를 낮추는
자는 높아지리라
12 또 자기를 청한 자에게
이르시되 네가 점심이나
저녁이나 베풀거든 벗이
나 형제나 친척이나 부한
이웃을 청하지 말라 두렵
건대 그 사람들이 너를
도로 청하여 네게 갚음이
될까 하노라

단어설명

끝자리(14:10) 당시에는 지위에 따라 식사 자리에 앉는 순서가 정해져있었다. 신분이 가장 높은 사람은 잔치에 제일 늦게 오는데, 만일 신분이 낮은 사람이 높은 자리에 앉아있으면, 더 높은 사람에게 자리를 비켜줘야 했다.
무릇(14:11) 대체로 헤아려 생각하건대.

13 잔치를 베풀거든 차라리
가난한 자들과 몸 불편한
자들과 저는 자들과 맹인
들을 청하라
14 그리하면 그들이 갚을 것
이 없으므로 네게 복이
되리니 이는 의인들의 부
활시에 네가 갚음을 받겠
음이라 하시더라

큰 잔치 비유

15 함께 먹는 사람 중의 하
나가 이 말을 듣고 이르
되 무릇 하나님의 나라에
서 떡을 먹는 자는 복되
도다 하니
16 이르시되 어떤 사람이 큰
잔치를 베풀고 많은 사람
을 청하였더니
17 잔치할 시각에 그 청하였
던 자들에게 종을 보내어
이르되 오소서 모든 것이
준비되었나이다 하매
18 다 일치하게 사양하여 한
사람은 이르되 나는 밭을
샀으매 아무래도 나가 보
아야 하겠으니 청컨대 나
를 양해하도록 하라 하고
19 또 한 사람은 이르되 나
는 소 다섯 겨리를 샀으
매 시험하러 가니 청컨대

단어설명

청하다(14:13) 어떤 일을 이루기 위하여 남에게 부탁을 하다.
사양하다(14:18) 겸손하여 받지 아니하거나 응하지 아니하다. 또는 남에게 양보하다.
소 다섯 겨리(14:19) 소 열 마리. 다섯 개의 멍에에 매울 수 있는 소다. 이 정도 소를 산 자라면 큰 부자이며, 잔치에 참여할 수 없다는 것은 핑계에 불과하다.

나를 양해하도록 하라 하
고
20 또 한 사람은 이르되 나
는 장가 들었으니 그러므
로 가지 못하겠노라 하는
지라
21 종이 돌아와 주인에게 그
대로 고하니 이에 집주인
이 노하여 그 종에게 이
르되 빨리 시내의 거리와
골목으로 나가서 가난한
자들과 몸 불편한 자들과
맹인들과 저는 자들을 데
려오라 하니라
22 종이 이르되 주인이여 명
하신 대로 하였으되 아직
도 자리가 있나이다
23 주인이 종에게 이르되 길
과 산울타리 가로 나가서
사람을 강권하여 데려다
가 내 집을 채우라
24 내가 너희에게 말하노니
전에 청하였던 그 사람들
은 하나도 내 잔치를 맛
보지 못하리라 하였다 하
시니라

제자가 되는 길

25 수많은 무리가 함께 갈새
예수께서 돌이키사 이르
시되

단어설명

양해(14:19) 남의 사정을 잘 헤아려 너그러이 받아들임.
거리, 골목(14:21) 거리는 부자들이 다니던 길로 거지가 많았고, 골목은 가난한 자들이 다니던 길이었다.
길과 산울타리 가(14:23) '길' 은 성 밖의 공공도로를 말하며, '산울타리 가' 는 성 밖의 작은 도로다. 이것은 하나님이 이방인들에게도 구원을 베푸실 것임을 보여준다.

26 무릇 내게 오는 자가 자
기 부모와 처자와 형제와
자매와 더욱이 자기 목숨
까지 미워하지 아니하면
능히 내 제자가 되지 못
하고
27 누구든지 자기 십자가를
지고 나를 따르지 않는
자도 능히 내 제자가 되
지 못하리라
28 너희 중의 누가 망대를
세우고자 할진대 자기의
가진 것이 준공하기까지
에 족할는지 먼저 앉아
그 비용을 계산하지 아니
하겠느냐
29 그렇게 아니하여 그 기초
만 쌓고 능히 이루지 못
하면 보는 자가 다 비웃
어
30 이르되 이 사람이 공사를
시작하고 능히 이루지 못
하였다 하리라
31 또 어떤 임금이 다른 임
금과 싸우러 갈 때에 먼
저 앉아 일만 명으로써
저 이만 명을 거느리고
오는 자를 대적할 수 있
을까 헤아리지 아니하겠
느냐

단어설명

미워하지 아니하면(14:26) 우선순위를 최고로 두지 않는 것이다. 예수님의 제자가 되기 위한 첫 번째 조건은 예수님이 사랑의 최우선 순위가 되어야 한다는 것이다.
제자(14:27) 스승의 가르침과 삶을 그대로 따르는 자들. 예수님을 믿는 사람, 따르는 사람들을 말한다.
준공(14:28) 공사를 다 마침.

32 만일 못할 터이면 그가
아직 멀리 있을 때에 사
신을 보내어 화친을 청할
지니라
33 이와 같이 너희 중의 누
구든지 자기의 모든 소유
를 버리지 아니하면 능히
내 제자가 되지 못하리라
34 소금이 좋은 것이나 소금
도 만일 그 맛을 잃으면
무엇으로 짜게 하리요
35 땅에도, 거름에도 쓸 데
없어 내버리느니라 들을
귀가 있는 자는 들을지어
다 하시니라

15

잃어버린 양, 드라크마, 탕자의 비유의 주제는 죄인을 찾으시는 예수님의 사랑과 그 일이 성공했을 때의 기쁨입니다. 죄인인 아담을 먼저 찾으시고, 끊임없이 반역했던 이스라엘을 포기하지 않고 사랑하신 주님의 마음이 여기서도 엿보입니다.

잃은 양을 찾은 목자 비유

1 모든 세리와 죄인들이 말
씀을 들으러 가까이 나아
오니
2 바리새인과 서기관들이
수군거려 이르되 이 사람
이 죄인을 영접하고 음식
을 같이 먹는다 하더라
3 예수께서 그들에게 이 비
유로 이르시되
4 너희 중에 어떤 사람이

단어설명

화친(14:32) 서로 의좋게 지내며 정을 나누는 것.
소유(14:33) 자기의 것으로 가지는 것. 또는 자기 몫으로 가지는 물건을 말한다.
소금…맛을 잃으면(14:34) 사해의 물을 증발시켜 만든 소금은 다양한 성분이 포함되어 있으나 일부는 쓴 맛을 내는 암석 덩어리와 같은 상태인 것도 있었다. 겉으로는 소금이나 먹을 수가 없는 소금이다.

양 백 마리가 있는데 그
중의 하나를 잃으면 아흔
아홉 마리를 들에 두고
그 잃은 것을 찾아내기까
지 찾아다니지 아니하겠
느냐
5 또 찾아낸즉 즐거워 어깨
에 메고
6 집에 와서 그 벗과 이웃
을 불러 모으고 말하되
나와 함께 즐기자 나의
잃은 양을 찾아내었노라
하리라
7 내가 너희에게 이르노니
이와 같이 죄인 한 사람
이 회개하면 하늘에서는
회개할 것 없는 의인 아
흔아홉으로 말미암아 기
뻐하는 것보다 더하리라

잃은 드라크마를 찾은 여인 비유

8 어떤 여자가 열 드라크마
가 있는데 하나를 잃으면
등불을 켜고 집을 쓸며
찾아내기까지 부지런히
찾지 아니하겠느냐
9 또 찾아낸즉 벗과 이웃을
불러 모으고 말하되 나와
함께 즐기자 잃은 드라크
마를 찾아내었노라 하리
라

단어설명

나와 함께 즐기자(15:6) 양과 동전, 아들을 찾았을 때 모두 공통적으로 이웃을 불러 잔치를 즐기는 모습은 하나님께 죄인이 돌아왔을 때의 기쁨이 하나님 나라 전체로 퍼지는 것을 의미한다.

열 드라크마(15:8) 유대 여자는 남편이 결혼 지참금으로 준 열 드라크마로 머리띠를 만들어 머리를 장식했다. 이 중 하나라도 잃어버리는 것은 결혼반지를 잃어버리는 것과 같은 큰일이었다.

10 내가 너희에게 이르노니
이와 같이 죄인 한 사람
이 회개하면 하나님의 사
자들 앞에 기쁨이 되느니
라

잃은 아들을 되찾은 아버지 비유

11 또 이르시되 어떤 사람에
게 두 아들이 있는데
12 그 둘째가 아버지에게 말
하되 아버지여 재산 중에
서 내게 돌아올 분깃을
내게 주소서 하는지라 아
버지가 그 살림을 각각
나눠 주었더니
13 그후 며칠이 안 되어 둘
째 아들이 재물을 다 모
아 가지고 먼 나라에 가
거기서 허랑방탕하여 그
재산을 낭비하더니
14 다 없앤 후 그 나라에 크
게 흉년이 들어 그가 비
로소 궁핍한지라
15 가서 그 나라 백성 중 한
사람에게 붙여 사니 그가
그를 들로 보내어 돼지를
치게 하였는데
16 그가 돼지 먹는 쥐엄 열
매로 배를 채우고자 하되
주는 자가 없는지라
17 이에 스스로 돌이켜 이르

단어설명

분깃(15:12) 분배받은 몫을 말한다.
허랑방탕(15:13) 말과 행동이 헛되고 착실하지 못하며, 쾌락에 빠져 행실이 더럽고 지저분하다.
돼지를 치게(15:15) 유대인은 이방인의 종이 되는 것을 수치스럽게 여겼고, 돼지를 가까이 하지도 않았다.
쥐엄 열매(15:16) 가축의 사료로 주로 사용되던 콩나무의 열매. 흉년에는 가난한 사람들이 먹기도 했다.

되 내 아버지에게는 양식
이 풍족한 품꾼이 얼마나
많은가 나는 여기서 주려
죽는구나
18 내가 일어나 아버지께 가
서 이르기를 아버지 내가
하늘과 아버지께 죄를 지
었사오니
19 지금부터는 아버지의 아
들이라 일컬음을 감당하
지 못하겠나이다 나를 품
꾼의 하나로 보소서 하리
라 하고
20 이에 일어나서 아버지께
로 돌아가니라 아직도 거
리가 먼데 아버지가 그를
보고 측은히 여겨 달려가
목을 안고 입을 맞추니
21 아들이 이르되 아버지 내
가 하늘과 아버지께 죄를
지었사오니 지금부터는
아버지의 아들이라 일컬
음을 감당하지 못하겠나
이다 하나
22 아버지는 종들에게 이르
되 제일 좋은 옷을 내어
다가 입히고 손에 가락지
를 끼우고 발에 신을 신
기라
23 그리고 살진 송아지를 끌

단어설명

품꾼(15:17) 종보다도 낮은 신분으로, 일시적으로 고용되는 사람이다.
측은히 여겨(15:20) 가엾고 불쌍하게 여기다.
가락지(15:22) 반지는 권위를 상징한다.
발에 신을 신기라(15:22) 아들은 주인과 자유인이라는 신분을 회복하였다. 당시 노예들은 신을 신지 못했다.

어다가 잡으라 우리가 먹
고 즐기자
24 이 내 아들은 죽었다가
다시 살아났으며 내가 잃
었다가 다시 얻었노라 하
니 그들이 즐거워하더라
25 맏아들은 밭에 있다가 돌
아와 집에 가까이 왔을
때에 풍악과 춤추는 소리
를 듣고
26 한 종을 불러 이 무슨 일
인가 물은대
27 대답하되 당신의 동생이
돌아왔으매 당신의 아버
지가 건강한 그를 다시
맞아들이게 됨으로 인하
여 살진 송아지를 잡았나
이다 하니
28 그가 노하여 들어가고자
하지 아니하거늘 아버지
가 나와서 권한대
29 아버지께 대답하여 이르
되 내가 여러 해 아버지
를 섬겨 명을 어김이 없
거늘 내게는 염소 새끼
라도 주어 나와 내 벗으
로 즐기게 하신 일이 없
더니
30 아버지의 살림을 창녀들
과 함께 삼켜 버린 이 아

단어설명

맏아들(15:25) 하나님이 죄인을 향해 베푸시는 사랑을 비난하는 종교지도자들을 비유한다.
당신의 동생…당신의 아버지(15:27) 종은 형도 동생과 아버지와 더불어 함께 기뻐하며 잔치를 즐기는 것이 마땅함을 암시하며 말하고 있다.
명을 어김이 없거늘(15:29) 맏아들은 아버지 집에서 명을 지키며 '종' 처럼 산다고 생각하고 있었다.

들이 돌아오매 이를 위하
여 살진 송아지를 잡으셨
나이다
31 아버지가 이르되 얘 너는
항상 나와 함께 있으니
내 것이 다 네 것이로되
32 이 네 동생은 죽었다가
살아났으며 내가 잃었다
가 얻었기로 우리가 즐거
워하고 기뻐하는 것이 마
땅하다 하니라

16

재물을 현명하게 사용하는 방법에 대한 교훈이 제시됩니다. 재물은 인간의 마음을 사로잡는 가장 강한 유혹인 만큼 어떻게 다루느냐에 따라 삶이 달라집니다. 예수님은 미래의 삶과 영적 삶을 위해서 재물을 지혜롭게 사용하라고 교훈하십니다.

옳지 않은 청지기 비유

1 또한 제자들에게 이르시
되 어떤 부자에게 청지기
가 있는데 그가 주인의
소유를 낭비한다는 말이
그 주인에게 들린지라
2 주인이 그를 불러 이르되
내가 네게 대하여 들은
이 말이 어찌 됨이냐 네
가 보던 일을 셈하라 청
지기 직무를 계속하지 못
하리라 하니
3 청지기가 속으로 이르되
주인이 내 직분을 빼앗으
니 내가 무엇을 할까 땅

단어설명

얘 너는 항상 나와 함께 있으니(15:31) 종교 지도자들은 자유롭게 하나님을 섬기고 예배할 수 있었고, 하나님의 말씀을 잘 배워 순종할 수 있었으나 그 특권이 얼마나 큰지 알지 못했다.
낭비(16:1) 시간이나 물질을 헛되이 헤프게 사용함.
직무(16:2) 직책이나 직업상에서 책임을 지고 담당하여 맡은 일.

을 파자니 힘이 없고 빌
어 먹자니 부끄럽구나
4 내가 할 일을 알았도다
이렇게 하면 직분을 빼앗
긴 후에 사람들이 나를
자기 집으로 영접하리라
하고
5 주인에게 빚진 자를 일일
이 불러다가 먼저 온 자
에게 이르되 네가 내 주
인에게 얼마나 빚졌느냐
6 말하되 기름 백 말이니이
다 이르되 여기 네 증서
를 가지고 빨리 앉아 오
십이라 쓰라 하고
7 또 다른 이에게 이르되
너는 얼마나 빚졌느냐 이
르되 밀 백 석이니이다
이르되 여기 네 증서를
가지고 팔십이라 쓰라 하
였는지라
8 주인이 이 옳지 않은 청
지기가 일을 지혜 있게
하였으므로 칭찬하였으
니 이 세대의 아들들이
자기 시대에 있어서는 빛
의 아들들보다 더 지혜로
움이니라
9 내가 너희에게 말하노니
불의의 재물로 친구를 사

단어설명

이 세대의 아들들(16:8) 믿음이 없는 사람들을 가리킨다. 여기에서는 미래를 보장받으려고 현재의 기회를 잘 사용하는 사람들로 묘사된다.

불의의 재물로 친구를 사귀라(16:9) 이 땅에서 얻은 재물로 가난하고 불쌍한 자들에게 도움을 주라는 의미이다. 갚을 것이 없는 이들에게 베풀라는 말씀과 통한다.

귀라 그리하면 그 재물이
없어질 때에 그들이 너희
를 영주할 처소로 영접하
리라
10 지극히 작은 것에 충성된
자는 큰 것에도 충성되고
지극히 작은 것에 불의한 자
는 큰 것에도 불의하니라
11 너희가 만일 불의한 재물
에도 충성하지 아니하면
누가 참된 것으로 너희에
게 맡기겠느냐
12 너희가 만일 남의 것에
충성하지 아니하면 누가
너희의 것을 너희에게 주
겠느냐
13 집 하인이 두 주인을 섬
길 수 없나니 혹 이를 미
워하고 저를 사랑하거나
혹 이를 중히 여기고 저
를 경히 여길 것임이니라
너희는 하나님과 재물을
겸하여 섬길 수 없느니라

율법과 하나님 나라의 복음

14 바리새인들은 돈을 좋아
하는 자들이라 이 모든
것을 듣고 비웃거늘
15 예수께서 이르시되 너희
는 사람 앞에서 스스로
옳다 하는 자들이나 너희

단어설명

영주할 처소(16:9) 성도가 영원히 거할 장소.
지극히 작은 것(16:10) 하나님 나라의 보화와 비교할 때 이 세상의 재물은 아무 가치 없는 작은 것이다.
하나님과 재물(16:13) 사람에게 물질은 하나님과 경쟁하는 대상이 될 만큼 그 영향력이 강하다. 그렇기에 물질이 사단의 도구가 될 때가 많다.

마음을 하나님께서 아시
나니 사람 중에 높임을
받는 그것은 하나님 앞에
미움을 받는 것이니라
16 율법과 선지자는 요한의
때까지요 그 후부터는 하
나님 나라의 복음이 전파
되어 사람마다 그리로 침
입하느니라
17 그러나 율법의 한 획이
떨어짐보다 천지가 없어
짐이 쉬우리라
18 무릇 자기 아내를 버리고
다른 데 장가 드는 자도
간음함이요 무릇 버림당
한 여자에게 장가드는 자
도 간음함이니라

부자와 거지

19 한 부자가 있어 자색 옷
과 고운 베옷을 입고 날
마다 호화롭게 즐기더라
20 그런데 나사로라 이름하
는 한 거지가 헌데 투성
이로 그의 대문 앞에 버
려진 채
21 그 부자의 상에서 떨어지
는 것으로 배불리려 하매
심지어 개들이 와서 그
헌데를 핥더라
22 이에 그 거지가 죽어 천

단어설명

율법과 선지자(16:16) 구약 성경 전체를 의미한다.
자색 옷, 고운 베옷(16:19) 왕이나 귀족들이 입는 비싼 옷과 비단을 말한다.
개(16:21) 유대인은 개를 아주 더러운 짐승으로 여겼다. 그런 개가 핥는 것도 피할 수 없을 정도로 나사로의 상태가 비참했음을 알 수 있다.

사들에게 받들려 아브라
함의 품에 들어가고 부자
도 죽어 장사되매
23 그가 음부에서 고통 중에
눈을 들어 멀리 아브라함
과 그의 품에 있는 나사
로를 보고
24 불러 이르되 아버지 아브
라함이여 나를 긍휼히 여
기사 나사로를 보내어 그
손가락 끝에 물을 찍어
내 혀를 서늘하게 하소서
내가 이 불꽃 가운데서
괴로워하나이다
25 아브라함이 이르되 얘 너
는 살았을 때에 좋은 것
을 받았고 나사로는 고난
을 받았으니 이것을 기억
하라 이제 그는 여기서
위로를 받고 너는 괴로움
을 받느니라
26 그뿐 아니라 너희와 우리
사이에 큰 구렁텅이가 놓
여 있어 여기서 너희에게
건너가고자 하되 갈 수
없고 거기서 우리에게 건
너올 수도 없게 하였느니
라
27 이르되 그러면 아버지여
구하노니 나사로를 내 아

단어설명

아브라함의 품(16:22) 낙원, 축복의 자리를 뜻한다. 천국에서 나사로를 환영하는 것을 의미한다.
음부(16:23) 이 세상을 떠난 자들이 있는 음침한 지하 세계.
큰 구렁텅이(16:26) 유대 지방 사막에 있는 물 없는 깊은 골짜기를 말한다. 천국과 지옥이 완전히 구분되어 있음을 묘사하는 표현이다.

버지의 집에 보내소서
28 내 형제 다섯이 있으니
그들에게 증언하게 하여
그들로 이 고통 받는 곳
에 오지 않게 하소서
29 아브라함이 이르되 그들
에게 모세와 선지자들이
있으니 그들에게 들을지
니라
30 이르되 그렇지 아니하니
이다 아버지 아브라함이
여 만일 죽은 자에게서
그들에게 가는 자가 있으
면 회개하리이다
31 이르되 모세와 선지자들
에게 듣지 아니하면 비록
죽은 자 가운데서 살아나
는 자가 있을지라도 권함
을 받지 아니하리라 하였
다 하시니라

17

예수님은 제자가 이 세상에서 어떤 태도로 살아야 하는 지를 말씀하십니다. 그와 더불어 하나님의 나라가 언제 임하냐는 바리새인의 질문에 대해 하나님의 나라는 우리 안에 있음을 말씀하시며 영적으로 끝까지 깨어있을 것을 강조하십니다.

용서, 믿음, 종이 할 일

1 예수께서 제자들에게 이
르시되 실족하게 하는 것
이 없을 수는 없으나 그
렇게 하게 하는 자에게는
화로다

단어설명

모세와 선지자들(16:29) '모세'는 모세오경을, '선지자들'은 구약의 선지서를 의미하는 것으로, 구약 성경 전체를 말한다.
실족(17:1) 발을 잘못 디딤. 행동을 잘못하거나 죄를 짓다는 의미로 쓰인다.
화로다(17:1) 모든 재앙이 임할 것이라는 표현이다.

2 그가 이 작은 자 중의 하
나를 실족하게 할진대 차
라리 연자맷돌이 그 목에
매여 바다에 던져지는 것
이 나으리라
3 너희는 스스로 조심하라
만일 네 형제가 죄를 범
하거든 경고하고 회개하
거든 용서하라
4 만일 하루에 일곱 번이라
도 네게 죄를 짓고 일곱
번 네게 돌아와 내가 회
개하노라 하거든 너는 용
서하라 하시더라
5 사도들이 주께 여짜오되
우리에게 믿음을 더하소
서 하니
6 주께서 이르시되 너희에
게 겨자씨 한 알만한 믿
음이 있었더라면 이 뽕나
무더러 뿌리가 뽑혀 바다
에 심기어라 하였을 것이
요 그것이 너희에게 순종
하였으리라
7 너희 중 누구에게 밭을
갈거나 양을 치거나 하는
종이 있어 밭에서 돌아오
면 그더러 곧 와 앉아서
먹으라 말할 자가 있느냐
8 도리어 그더러 내 먹을

단어설명

연자 맷돌(17:2) 손으로 돌리는 것이 아니라 나귀에게 매어 돌리는 커다란 맷돌이다.
일곱 번(17:4) '일곱' 은 성경에서 완전함을 의미하는 숫자다. 용서할 수 없을 정도로 많은 죄를 짓더라도 회개하는 경우에는 용서하라는 뜻이다.
뽕나무(17:6) 밑동이 아주 크고 흙 아래 사방으로 넓고 깊게 뿌리를 내려 쉽게 뽑히지 않는 나무다.

것을 준비하고 띠를 띠고
내가 먹고 마시는 동안에
수종 들고 너는 그후에
먹고 마시라 하지 않겠느
냐
9 명한 대로 하였다고 종에
게 감사하겠느냐
10 이와 같이 너희도 명령
받은 것을 다 행한 후에
이르기를 우리는 무익한
종이라 우리가 하여야 할
일을 한 것뿐이라 할지니
라

나병환자 열 명이 깨끗함을 받다

11 예수께서 예루살렘으로
가실 때에 사마리아와 갈
릴리 사이로 지나가시다
가
12 한 마을에 들어가시니 나
병환자 열 명이 예수를
만나 멀리 서서
13 소리를 높여 이르되 예수
선생님이여 우리를 불쌍
히 여기소서 하거늘
14 보시고 이르시되 가서
제사장들에게 너희 몸을
보이라 하셨더니 그들이
가다가 깨끗함을 받은지
라
15 그 중의 한 사람이 자기

단어설명

무익한 종(17:10) 쓸모가 없는 종이라기보다 자신이 한 일에 대해서 칭찬을 들을 자격이 없는 종이란 뜻.
나병(17:12) 피부에 살점이 불거져 나오는 등 손발이나 얼굴에 변형이 오는 만성 전염병.
제사장(17:14) 하나님과 사람 사이의 중개자 역할을 하며, 예배를 준비하고 진행한다. 구약 율법에 따르면 제사장이 피부병 환자를 진찰하여 완치되었음을 판결해야했다.

가 나은 것을 보고 큰 소
리로 하나님께 영광을 돌
리며 돌아와
16 예수의 발 아래에 엎드리
어 감사하니 그는 사마리
아 사람이라
17 예수께서 대답하여 이르
시되 열 사람이 다 깨끗
함을 받지 아니하였느냐
그 아홉은 어디 있느냐
18 이 이방인 외에는 하나님
께 영광을 돌리러 돌아온
자가 없느냐 하시고
19 그에게 이르시되 일어나
가라 네 믿음이 너를 구
원하였느니라 하시더라

하나님의 나라는 너희 안에 있다

20 바리새인들이 하나님의
나라가 어느 때에 임하나
이까 묻거늘 예수께서 대
답하여 이르시되 하나님
의 나라는 볼 수 있게 임
하는 것이 아니요
21 또 여기 있다 저기 있다
고도 못하리니 하나님의
나라는 너희 안에 있느니
라
22 또 제자들에게 이르시되
때가 이르리니 너희가 인
자의 날 하루를 보고자

단어설명

사마리아 사람(17:16) 유대인은 사마리아인과 사귀지 않았지만, 나병에 걸려 공동체에서 나와야 했을 때 유대인•사마리아인을 따지는 마음이 없어지고 함께 하다가 고통 속에서 예수님의 자비를 구했다.
믿음이 너를 구원하였느니라(17:19) 사마리아 사람은 예수님을 믿음으로 몸을 치료받고 영혼도 구원받았다.
인자의 날(17:22) 예수님을 통해 하나님 나라가 완성될 날을 의미한다.

하되 보지 못하리라
23 사람이 너희에게 말하되
보라 저기 있다 보라 여
기 있다 하리라 그러나
너희는 가지도 말고 따르
지도 말라
24 번개가 하늘 아래 이쪽
에서 번쩍이어 하늘 아
래 저쪽까지 비침같이
인자도 자기 날에 그러
하리라
25 그러나 그가 먼저 많은
고난을 받으며 이 세대에
게 버린 바 되어야 할지
니라
26 노아의 때에 된 것과 같
이 인자의 때에도 그러하
리라
27 노아가 방주에 들어가던
날까지 사람들이 먹고 마
시고 장가들고 시집가더
니 홍수가 나서 그들을
다 멸망시켰으며
28 또 롯의 때와 같으리니
사람들이 먹고 마시고 사
고 팔고 심고 집을 짓더
니
29 롯이 소돔에서 나가던 날
에 하늘로부터 불과 유황
이 비오듯 하여 그들을

단어설명

번개가…이쪽에서…저쪽까지(17:24) 번개가 칠 때 사방에서 그 모습을 볼 수 있듯이 예수님이 다시 오실 때도 그 것을 여러 곳에서 한 번에 볼 수 있을 것이라는 뜻이다.

노아의 때, 롯의 때(17:26,28) 노아나 롯이 살았던 때 사람들이 하나님의 경고에 무관심하며 하나님을 잊고, 죄를 지으며 살았던 것처럼 예수님이 다시 오실 때도 그와 같을 것이라는 의미이다.

멸망시켰느니라
30 인자가 나타나는 날에도
이러하리라
31 그 날에 만일 사람이 지
붕 위에 있고 그의 세간
이 그 집 안에 있으면 그
것을 가지러 내려가지 말
것이요 밭에 있는 자도
그와 같이 뒤로 돌이키지
말 것이니라
32 롯의 처를 기억하라
33 무릇 자기 목숨을 보전
하고자 하는 자는 잃을
것이요 잃는 자는 살리
리라
34 내가 너희에게 이르노니
그 밤에 둘이 한 자리에
누워 있으매 하나는 데려
감을 얻고 하나는 버려둠
을 당할 것이요
35 두 여자가 함께 맷돌을
갈고 있으매 하나는 데려
감을 얻고 하나는 버려둠
을 당할 것이니라
36 (없음)
37 그들이 대답하여 이르되
주여 어디오니이까 이르
시되 주검 있는 곳에는
독수리가 모이느니라 하
시니라

단어설명

세간(17:31) 집안 살림에 쓰는 온갖 물건.
롯의 처(17:32) 소돔을 떠나는 롯의 가족에게 천사가 뒤를 돌아보지 말라는 경고를 했다. 그러나 롯의 아내는 소돔에 미련이 남아 도망치는 중에 뒤를 돌아보았기 때문에 소금기둥이 되었다.
주검(17:37) 송장. 시체를 말한다.

18

영적인 어리석음에 빠진 사람들을 향한 예수님의 교훈이 이어집니다. 과부와 재판장 비유, 바리새인과 세리 비유를 통해 인내와 겸손으로 기도하라 하시고, 천국 시민의 생활 원리를 말씀하십니다. 또한 구원은 인간의 무엇이 아닌 하나님의 능력에서 온다는 것을 말씀하십니다.

과부와 재판장 비유

1 예수께서 그들에게 항상
기도하고 낙심하지 말아
야 할 것을 비유로 말씀
하여
2 이르시되 어떤 도시에 하
나님을 두려워하지 않고
사람을 무시하는 한 재판
장이 있는데
3 그 도시에 한 과부가 있
어 자주 그에게 가서 내
원수에 대한 나의 원한을
풀어 주소서 하되
4 그가 얼마 동안 듣지 아
니하다가 후에 속으로 생
각하되 내가 하나님을 두
려워하지 않고 사람을 무
시하나
5 이 과부가 나를 번거롭게
하니 내가 그 원한을 풀
어 주리라 그렇지 않으면
늘 와서 나를 괴롭게 하
리라 하였느니라
6 주께서 또 이르시되 불의
한 재판장이 말한 것을
들으라

단어설명

낙심(18:1) 바라던 일이 이루어지지 아니하여 마음이 상함.
원한(18:3) 억울하고 원통한 일을 당하여 응어리진 마음.
번거롭다(18:5) 귀찮고 짜증스럽게 하다.
불의(18:6) 의리, 도의, 정의 따위에 어긋남.

7 하물며 하나님께서 그 밤
낮 부르짖는 택하신 자들
의 원한을 풀어 주지 아
니하시겠느냐 그들에게
오래 참으시겠느냐
8 내가 너희에게 이르노니
속히 그 원한을 풀어 주
시리라 그러나 인자가 올
때에 세상에서 믿음을 보
겠느냐 하시니라

바리새인과 세리 비유

9 또 자기를 의롭다고 믿고
다른 사람을 멸시하는 자
들에게 이 비유로 말씀하
시되
10 두 사람이 기도하러 성전
에 올라가니 하나는 바리
새인이요 하나는 세리라
11 바리새인은 서서 따로 기
도하여 이르되 하나님이
여 나는 다른 사람들 곧
토색, 불의, 간음을 하는
자들과 같지 아니하고 이
세리와도 같지 아니함을
감사하나이다
12 나는 이레에 두 번씩 금
식하고 또 소득의 십일조
를 드리나이다 하고
13 세리는 멀리 서서 감히
눈을 들어 하늘을 쳐다보

단어설명

하물며(18:7) 그도 그러한데 더욱이. 앞의 사실이 그러하다면 뒤의 사실은 말할 것도 없다는 뜻.
멸시(18:9) 업신여기거나 하찮게 여겨 깔봄.
토색(18:11) 돈, 물건을 억지로 빼앗음.
십일조(18:12) 농업 생산물, 상업에서 얻은 물건들, 혹은 전리품의 십분의 일을 하나님께 예물로 드리는 것.

지도 못하고 다만 가슴을
치며 이르되 하나님이여
불쌍히 여기소서 나는 죄
인이로소이다 하였느니
라
14 내가 너희에게 이르노니
이에 저 바리새인이 아니
고 이 사람이 의롭다 하
심을 받고 그의 집으로
내려갔느니라 무릇 자기
를 높이는 자는 낮아지고
자기를 낮추는 자는 높아
지리라 하시니라

어린 아이들을 금하지 말라

15 사람들이 예수께서 만져
주심을 바라고 자기 어린
아기를 데리고 오매 제자
들이 보고 꾸짖거늘
16 예수께서 그 어린 아이들
을 불러 가까이 하시고
이르시되 어린 아이들이
내게 오는 것을 용납하고
금하지 말라 하나님의 나
라가 이런 자의 것이니라
17 내가 진실로 너희에게 이
르노니 누구든지 하나님
의 나라를 어린 아이와
같이 받아들이지 않는 자
는 결단코 거기 들어가지
못하리라 하시니라

단어설명

가슴을 치며(18:13) 가슴은 죄의 자리로 간주되며, 이 행동은 비통함과 뉘우침을 상징했다.
어린 아기(18:15) 당시는 여자와 어린 아이를 인격체로 대우하지 않았다. 제자들은 예수님께 중요하지 않은 아이들을 데려왔기 때문에 사람들을 꾸짖은 것이다.
용납(18:16) 너그러운 마음으로 남의 말이나 행동을 받아들임.

부자 관리

18 어떤 관리가 물어 이르되
선한 선생님이여 내가 무
엇을 하여야 영생을 얻으
리이까
19 예수께서 이르시되 네가
어찌하여 나를 선하다 일
컫느냐 하나님 한 분 외
에는 선한 이가 없느니라
20 네가 계명을 아나니 간음
하지 말라, 살인하지 말
라, 도둑질하지 말라, 거
짓 증언 하지 말라, 네 부
모를 공경하라 하였느니
라
21 여짜오되 이것은 내가 어
려서부터 다 지키었나이
다
22 예수께서 이 말을 들으시
고 이르시되 네게 아직도
한 가지 부족한 것이 있
으니 네게 있는 것을 다
팔아 가난한 자들에게 나
눠 주라 그리하면 하늘에
서 네게 보화가 있으리라
그리고 와서 나를 따르라
하시니
23 그 사람이 큰 부자이므로
이 말씀을 듣고 심히 근
심하더라

단어설명

어려서부터(18:21) 유대의 남자 아이는 십삼 세가 되면 계명을 지킬 의무를 스스로 감당해야했다. 이 관리는 전통과 율법을 모범적으로 지키며 살고 있던 것으로 보인다.

한 가지 부족한 것(18:22) 부자 관리가 실천하지 않은 것으로 곧 가난한 자에게 재산을 나누어 주는 것이었다. 모든 계명을 지켰다는 그는 율법의 형식만을 열심히 따랐던 것이다.

24 예수께서 그를 보시고 이
르시되 재물이 있는 자는
하나님의 나라에 들어가
기가 얼마나 어려운지
25 낙타가 바늘귀로 들어가
는 것이 부자가 하나님의
나라에 들어가는 것보다
쉬우니라 하시니
26 듣는 자들이 이르되 그런
즉 누가 구원을 얻을 수
있나이까
27 이르시되 무릇 사람이 할
수 없는 것을 하나님은
하실 수 있느니라
28 베드로가 여짜오되 보옵
소서 우리가 우리의 것을
다 버리고 주를 따랐나이
다
29 이르시되 내가 진실로 너
희에게 이르노니 하나님
의 나라를 위하여 집이나
아내나 형제나 부모나 자
녀를 버린 자는
30 현세에 여러 배를 받고
내세에 영생을 받지 못할
자가 없느니라 하시니라

죽음과 부활을 다시 이르시다

31 예수께서 열두 제자를 데
리시고 이르시되 보라 우
리가 예루살렘으로 올라

단어설명

재물이 있는 자(18:24) 단순히 부자가 아니라 돈을 하나님의 자리에 놓고 자신의 욕심을 이뤄 줄 우상으로 의존하는 사람을 말한다.
낙타(18:25) 팔레스타인과 유대 지역에서 가장 큰 동물은 낙타였다.
바늘귀(18:25) 실을 꿰기 위하여 바늘의 위쪽에 뚫은 구멍.

가노니 선지자들을 통하
여 기록된 모든 것이 인
자에게 응하리라
32 인자가 이방인들에게 넘
겨져 희롱을 당하고 능욕
을 당하고 침 뱉음을 당
하겠으며
33 그들은 채찍질하고 그를
죽일 것이나 그는 삼 일
만에 살아나리라 하시되
34 제자들이 이것을 하나도
깨닫지 못하였으니 그 말
씀이 감취었으므로 그들
이 그 이르신 바를 알지
못하였더라

맹인을 고치시다

35 여리고에 가까이 가셨을
때에 한 맹인이 길가에
앉아 구걸하다가
36 무리가 지나감을 듣고 이
무슨 일이냐고 물은대
37 그들이 나사렛 예수께서
지나가신다 하니
38 맹인이 외쳐 이르되 다윗
의 자손 예수여 나를 불
쌍히 여기소서 하거늘
39 앞서 가는 자들이 그를
꾸짖어 잠잠하라 하되 그
가 더욱 크게 소리 질러
다윗의 자손이여 나를 불

단어설명

희롱(18:32) 말이나 행동으로 실없이 놀림.
능욕(18:32) 남을 업신여겨 욕보임.
다윗의 자손 예수여(18:38) 예수님을 '다윗의 자손' 이라고 부른 것은 맹인이 예수님을 메시아로 인정했다는 것을 의미한다.

쌍히 여기소서 하는지라
40 예수께서 머물러 서서 명
하여 데려오라 하셨더니
그가 가까이 오매 물어
이르시되
41 네게 무엇을 하여 주기를
원하느냐 이르되 주여 보
기를 원하나이다
42 예수께서 그에게 이르시
되 보라 네 믿음이 너를
구원하였느니라 하시매
43 곧 보게 되어 하나님께
영광을 돌리며 예수를 따
르니 백성이 다 이를 보
고 하나님을 찬양하니라

19

주님과의 만남은 인격과 삶을 변화시킵니다. 세리 삭개오도 예수님과의 만남을 통해 구원을 얻고 삶이 변화되었습니다. 이어지는 므나 비유는 다시 오실 예수님과 심판의 원리, 충성스러운 종의 모습 등 다양한 시각으로 묵상할 수 있습니다.

예수와 삭개오

1 예수께서 여리고로 들어
가 지나가시더라
2 삭개오라 이름하는 자가
있으니 세리장이요 또한
부자라
3 그가 예수께서 어떠한 사
람인가 하여 보고자 하되
키가 작고 사람이 많아
할 수 없어
4 앞으로 달려가서 보기 위

단어설명

삭개오(19:2) 이름의 뜻은 '의로운 사람' 혹은 '청결한 사람' 이라는 뜻이다. 그러나 삭개오는 이름과는 정반대되는 삶을 살고 있었다.

세리장(19:2) 세리는 세금을 거두어들이는 관리로 로마를 위해 일하며 부당하게 세금을 거둬가기도 하여 사람들의 미움을 받았다. 세리장은 그들의 우두머리이다.

하여 돌무화과나무에 올
라가니 이는 예수께서 그
리로 지나가시게 됨이러
라
5 예수께서 그곳에 이르사
쳐다보시고 이르시되 삭
개오야 속히 내려오라 내
가 오늘 네 집에 유하여
야 하겠다 하시니
6 급히 내려와 즐거워하며
영접하거늘
7 뭇 사람이 보고 수군거려
이르되 저가 죄인의 집에
유하러 들어갔도다 하더라
8 삭개오가 서서 주께 여짜
오되 주여 보시옵소서 내
소유의 절반을 가난한 자
들에게 주겠사오며 만일
누구의 것을 속여 빼앗은
일이 있으면 네 갑절이나
갚겠나이다
9 예수께서 이르시되 오늘
구원이 이 집에 이르렀으
니 이 사람도 아브라함의
자손임이로다
10 인자가 온 것은 잃어버린
자를 찾아 구원하려 함이
니라

은 열 므나 비유

11 그들이 이 말씀을 듣고

단어설명

네 집에 유하여야 하겠다(19:5) 예수님께서 집에 오신다는 것은 그분과의 교제를 뜻하며, 궁극적으로는 죄의 용서를 뜻한다.

저가 죄인의 집에 유하러(19:7) 유대인들은 죄가 전염된다고 생각했기 때문에 죄인과는 교제하지 않았다. 예수님이 삭개오의 집에 가신다는 것은 죄인처럼 됨을 의미하기 때문에 수군거린 것이다.

있을 때에 비유를 더하여
말씀하시니 이는 자기가
예루살렘에 가까이 오셨
고 그들은 하나님의 나라
가 당장에 나타날 줄로
생각함이더라
12 이르시되 어떤 귀인이 왕
위를 받아가지고 오려고
먼 나라로 갈 때에
13 그 종 열을 불러 은화 열
므나를 주며 이르되 내가
돌아올 때까지 장사하라
하니라
14 그런데 그 백성이 그를
미워하여 사자를 뒤로 보
내어 이르되 우리는 이
사람이 우리의 왕 됨을
원하지 아니하나이다 하
였더라
15 귀인이 왕위를 받아가지
고 돌아와서 은화를 준
종들이 각각 어떻게 장사
하였는지를 알고자 하여
그들을 부르니
16 그 첫째가 나아와 이르
되 주인이여 당신의 한
므나로 열 므나를 남겼
나이다
17 주인이 이르되 잘하였다
착한 종이여 네가 지극히

단어설명

하나님의…나타날 줄로(19:11) 제자들은 예수님이 예루살렘이 가시면 당장에 로마가 물러가고 예수님이 왕이 되실 것이라고 기대했다.
므나(19:13) 헬라의 동전으로, 한 달란트의 약 60분의 1에 해당하는 돈이다.
사자(19:14) 명령이나 부탁을 받고 심부름하는 사람.

작은 것에 충성하였으니
열 고을 권세를 차지하라
하고
18 그 둘째가 와서 이르되
주인이여 당신의 한 므나
로 다섯 므나를 만들었나
이다
19 주인이 그에게도 이르되
너도 다섯 고을을 차지하
라 하고
20 또 한 사람이 와서 이르
되 주인이여 보소서 당신
의 한 므나가 여기 있나
이다 내가 수건으로 싸
두었었나이다

21 이는 당신이 엄한 사람인
것을 내가 무서워함이라
당신은 두지 않은 것을
취하고 심지 않은 것을
거두나이다
22 주인이 이르되 악한 종아
내가 네 말로 너를 심판
하노니 너는 내가 두지
않은 것을 취하고 심지
않은 것을 거두는 엄한
사람인 줄로 알았느냐
23 그러면 어찌하여 내 돈을
은행에 맡기지 아니하였
느냐 그리하였으면 내가
와서 그 이자와 함께 그

단어설명

당신의 한 므나(19:18) 종들은 므나가 주인의 것이듯, 우리의 모든 재능과 기회는 하나님의 것이며 우리는 청지기에 불과함을 보여준다.
당신이 엄한 사람(19:21) 종은 주인의 성품이 엄격하고 가혹하다고 오해해 쓸데없는 두려움에 사로잡혔다.
악한 종(19:22) 이익을 만들어오지 못한 이유가 아니라 주인의 성품을 왜곡했기 때문에 받는 평가이다.

돈을 찾았으리라 하고
24 곁에 섰는 자들에게 이르
되 그 한 므나를 빼앗아
열 므나 있는 자에게 주
라 하니
25 그들이 이르되 주여 그에
게 이미 열 므나가 있나
이다
26 주인이 이르되 내가 너희
에게 말하노니 무릇 있는
자는 받겠고 없는 자는
그 있는 것도 빼앗기리라
27 그리고 내가 왕 됨을 원
하지 아니하던 저 원수들
을 이리로 끌어다가 내
앞에서 죽이라 하였느니
라

예루살렘을 향하여 가시다

28 예수께서 이 말씀을 하시
고 예루살렘을 향하여 앞
서서 가시더라
29 감람원이라 불리는 산쪽
에 있는 벳바게와 베다니
에 가까이 가셨을 때에
제자 중 둘을 보내시며
30 이르시되 너희는 맞은편
마을로 가라 그리로 들어
가면 아직 아무도 타 보
지 않은 나귀 새끼가 매
여 있는 것을 보리니 풀

단어설명

감람원(19:29) 예수님께서 자주 기도하러 올라가시던 산으로 '감람산', '올리브 산' 이라고도 하며 예루살렘 동쪽에 있다.

아무도 타 보지 않은 나귀 새끼(19:30) 스가랴 선지자가 '겸손하여 나귀 새끼를 타실 왕이 예루살렘에 임하실 것' 을 예언한 말씀의 성취다.(슥 9:10)

어 끌고 오라
31 만일 누가 너희에게 어찌
하여 푸느냐 묻거든 말하
기를 주가 쓰시겠다 하라
하시매
32 보내심을 받은 자들이 가
서 그 말씀하신 대로 만
난지라
33 나귀 새끼를 풀 때에 그
임자들이 이르되 어찌하
여 나귀 새끼를 푸느냐
34 대답하되 주께서 쓰시겠
다 하고
35 그것을 예수께로 끌고 와
서 자기들의 겉옷을 나귀
새끼 위에 걸쳐 놓고 예
수를 태우니
36 가실 때에 그들이 자기의
겉옷을 길에 펴더라
37 이미 감람산 내리막길에
가까이 오시매 제자의 온
무리가 자기들이 본 바
모든 능한 일로 인하여
기뻐하며 큰 소리로 하나
님을 찬양하여
38 이르되 찬송하리로다 주
의 이름으로 오시는 왕이
여 하늘에는 평화요 가장
높은 곳에는 영광이로다
하니

단어설명

겉옷(19:36) 겉옷을 길에 펴는 것은 왕에게 경의를 표현하는 행동이었다. 사람들은 예수님이 로마의 지배에서 벗어나게 해줄 정치적인 왕이 될 거라고 생각했다.
주의 이름으로 오시는 왕(19:38) 시편 118편 26절을 인용한 것으로, 예수님을 메시아로 부르는 호칭이다.
영광(19:38) 빛나고 아름다운 영예.

39 무리 중 어떤 바리새인들
이 말하되 선생이여 당신
의 제자들을 책망하소서
하거늘
40 대답하여 이르시되 내가
너희에게 말하노니 만일
이 사람들이 침묵하면 돌
들이 소리 지르리라 하시
니라
41 가까이 오사 성을 보시고
우시며
42 이르시되 너도 오늘 평화
에 관한 일을 알았더라면
좋을 뻔하였거니와 지금
네 눈에 숨겨졌도다
43 날이 이를지라 네 원수들
이 토둔을 쌓고 너를 둘
러 사면으로 가두고
44 또 너와 및 그 가운데 있
는 네 자식들을 땅에 메
어치며 돌 하나도 돌 위
에 남기지 아니하리니 이
는 네가 보살핌 받는 날
을 알지 못함을 인함이니
라 하시니라

성전에 들어가신 예수

45 성전에 들어가사 장사하
는 자들을 내쫓으시며
46 그들에게 이르시되 기록
된 바 내 집은 기도하는

단어설명

책망(19:39) 잘못을 들어 꾸짖음, 또는 꾸짖는 일을 말한다.
토둔(19:43) 자그마한 언덕.
돌 하나도 돌 위에 남기지 아니하리니(19:44) 완전한 파괴를 묘사한 말이다.
보살핌 받는 날(19:44) 예수님이 예루살렘에 들어오셨기에 하나님이 예루살렘을 찾아오시는 이때를 뜻한다.

집이 되리라 하였거늘 너
희는 강도의 소굴을 만들
었도다 하시니라
47 예수께서 날마다 성전에
서 가르치시니 대제사장
들과 서기관들과 백성의
지도자들이 그를 죽이려
고 꾀하되
48 백성이 다 그에게 귀를
기울여 들으므로 어찌할
방도를 찾지 못하였더라

20

예루살렘에 입성하신 예수님을 둘러싸고 대제사장들과 서기관, 장로들이 논쟁을 걸어옵니다. 요한의 세례의 권위와 가이사에게 바치는 세금 문제, 부활 논쟁 등 예수님을 책잡으려는 그들의 시도는 주님의 지혜 앞에 완전히 무너집니다.

예수의 권위를 두고 말하다

1 하루는 예수께서 성전에
서 백성을 가르치시며 복
음을 전하실새 대제사장
들과 서기관들이 장로들
과 함께 가까이 와서
2 말하여 이르되 당신이 무
슨 권위로 이런 일을 하
는지 이 권위를 준 이가
누구인지 우리에게 말하
라
3 대답하여 이르시되 나도
한 말을 너희에게 물으리
니 내게 말하라
4 요한의 세례가 하늘로부

단어설명

소굴(19:46) 나쁜 짓을 하는 도둑이나 악한 따위의 무리가 활동의 본거지로 삼고 있는 곳.
대제사장(19:47) 하나님과 사람 사이의 중개자 역할을 하며, 예배를 준비하고 진행하는 사람. 다른 제사장들보다 높은 수준의 성결이 요구되며, 이스라엘 백성의 죄를 대속하는 예배를 드렸다.
권위(20:2) 절대적인 것으로서 남을 복종시키는 힘.

터나 사람으로부터냐
5 그들이 서로 의논하여 이
르되 만일 하늘로부터라
하면 어찌하여 그를 믿지
아니하였느냐 할 것이요
6 만일 사람으로부터라 하
면 백성이 요한을 선지자
로 인정하니 그들이 다
우리를 돌로 칠 것이라
하고
7 대답하되 어디로부터인
지 알지 못하노라 하니
8 예수께서 이르시되 나도
무슨 권위로 이런 일을
하는지 너희에게 이르지
아니하리라 하시니라

포도원 농부 비유

9 그가 또 이 비유로 백성
에게 말씀하시기 시작하
시니라 한 사람이 포도원
을 만들어 농부들에게 세
로 주고 타국에 가서 오
래 있다가
10 때가 이르매 포도원 소출
얼마를 바치게 하려고 한
종을 농부들에게 보내니
농부들이 종을 몹시 때리
고 거저 보내었거늘
11 다시 다른 종을 보내니
그도 몹시 때리고 능욕하

단어설명

하늘로부터라 하면(20:5) 요한의 권위가 하늘, 즉 하나님께서 주신 것이라고 답하면 종교지도자들은 세례 요한을 따르지 않았기 때문에 하나님을 거역한 것이 된다.
소출(20:10) 논밭에서 나는 곡식. 또는 그 곡식의 양. 여기서는 포도를 말한다.
능욕(20:11) 남을 업신여겨 욕보임.

고 거저 보내었거늘
12 다시 세 번째 종을 보내
니 이 종도 상하게 하고
내쫓은지라
13 포도원 주인이 이르되 어
찌할까 내 사랑하는 아들
을 보내리니 그들이 혹
그는 존대하리라 하였더
니
14 농부들이 그를 보고 서로
의논하여 이르되 이는 상
속자니 죽이고 그 유산을
우리의 것으로 만들자 하
고
15 포도원 밖에 내쫓아 죽였
느니라 그런즉 포도원 주
인이 이 사람들을 어떻게
하겠느냐
16 와서 그 농부들을 진멸하
고 포도원을 다른 사람들
에게 주리라 하시니 사람
들이 듣고 이르되 그렇게
되지 말아지이다 하거늘
17 그들을 보시며 이르시되
그러면 기록된 바
건축자들의 버린 돌이
모퉁이의 머릿돌이 되
었느니라
함이 어찜이냐
18 무릇 이 돌 위에 떨어지

단어설명

존대하다(20:13) 존경하여 받들어 대접하거나 대하다.
농부들(20:16) 이스라엘 백성들, 특히 지도자들을 말한다.
건축자들의 버린 돌(20:17) 종교 지도자들의 음모로 십자가에 달리신 예수님을 뜻한다.
모퉁이돌(20:17) 부활하셔서 교회의 머리가 되신 예수님을 상징한다.

는 자는 깨어지겠고 이
돌이 사람 위에 떨어지면
그를 가루로 만들어 흩으
리라 하시니라

가이사에게 세를 바치는 것

19 서기관들과 대제사장들
이 예수의 이 비유는 자
기들을 가리켜 말씀하심
인 줄 알고 즉시 잡고자
하되 백성을 두려워하더
라
20 이에 그들이 엿보다가 예
수를 총독의 다스림과 권
세 아래에 넘기려 하여
정탐들을 보내어 그들로
스스로 의인인 체하며 예
수의 말을 책잡게 하니
21 그들이 물어 이르되 선생
님이여 우리가 아노니 당
신은 바로 말씀하시고 가
르치시며 사람을 외모로
취하지 아니하시고 오직
진리로써 하나님의 도를
가르치시나이다
22 우리가 가이사에게 세를
바치는 것이 옳으니이까
옳지 않으니이까 하니
23 예수께서 그 간계를 아시
고 이르시되
24 데나리온 하나를 내게 보

단어설명

정탐(20:20) 드러나지 아니한 사실을 몰래 살펴 알아내는 것.
가이사에게 세를(20:22) 이 세는 남자는 14세 이상, 여자는 12세 이상부터 65세까지 바치는 인두세였다.
간계(20:23) 간사한 꾀.
데나리온(20:24) 로마 은 동전의 명칭. 보통 노동자의 하루 품삯이었다.

이라 누구의 형상과 글이
여기 있느냐 대답하되 가
이사의 것이니이다
25 이르시되 그런즉 가이사
의 것은 가이사에게, 하
나님의 것은 하나님께 바
치라 하시니
26 그들이 백성 앞에서 그의
말을 능히 책잡지 못하고
그의 대답을 놀랍게 여겨
침묵하니라

부활 논쟁

27 부활이 없다고 주장하는
사두개인 중 어떤 이들이
와서
28 물어 이르되 선생님이여
모세가 우리에게 써 주기
를 만일 어떤 사람의 형
이 아내를 두고 자식이
없이 죽으면 그 동생이
그 아내를 취하여 형을
위하여 상속자를 세울지
니라 하였나이다
29 그런데 칠 형제가 있었는
데 맏이가 아내를 취하였
다가 자식이 없이 죽고
30 그 둘째와 셋째가 그를
취하고
31 일곱이 다 그와 같이 자
식이 없이 죽고

단어설명

가이사(20:25) 로마 황제 가문의 성으로, 여기서는 황제를 뜻하는 하나의 직함처럼 쓰였다.
사두개인(20:27) 부활, 천사, 영혼을 믿지 않는 유대인들. 부유하고 사치스러운 생활을 했다.
그 동생이…상속자를 세울지니라(20:28) '계대 혼인법' 이란 제도를 말한다. 어떤 사람이 자식이 없이 죽으면 형제가 그 아내과 결혼하여 대를 잇고 미망인을 보호하는 취지로 세운 제도다.

32 그후에 여자도 죽었나이
다
33 일곱이 다 그를 아내로
취하였으니 부활 때에 그
중에 누구의 아내가 되리
이까
34 예수께서 이르시되 이 세
상의 자녀들은 장가도 가
고 시집도 가되
35 저 세상과 및 죽은 자 가
운데서 부활함을 얻기에
합당히 여김을 받은 자들
은 장가가고 시집가는 일
이 없으며
36 그들은 다시 죽을 수도
없나니 이는 천사와 동등
이요 부활의 자녀로서 하
나님의 자녀임이라
37 죽은 자가 살아난다는 것
은 모세도 가시나무 떨기
에 관한 글에서 주를 아
브라함의 하나님이요 이
삭의 하나님이요 야곱의
하나님이시라 칭하였나
니
38 하나님은 죽은 자의 하나
님이 아니요 살아있는 자
의 하나님이시라 하나님
에게는 모든 사람이 살았
느니라 하시니

단어설명

모세(20:37) 이스라엘 자손을 애굽의 노예 상태에서 구출해 독립된 한 민족을 형성하게 하고, 그들이 가나안 땅에 들어갈 수 있도록 준비시킨 이스라엘의 민족 영웅.

아브라함…이삭…야곱의 하나님(20:37) 이미 죽은 족장들이나, 예수님이 이렇게 말씀하신 것은 그들이 부활하여 천국에서 살아 있음을 전제로 하여 말씀하신 것이다.

39 서기관 중 어떤 이들이
말하되 선생님 잘 말씀하
셨나이다 하니
40 그들은 아무것도 감히 더
물을 수 없음이더라

그리스도와 다윗의 자손

41 예수께서 그들에게 이르
시되 사람들이 어찌하여
그리스도를 다윗의 자손
이라 하느냐
42 시편에 다윗이 친히 말하
였으되
주께서 내 주께 이르
시되
43 내가 네 원수를 네 발
등상으로 삼을 때까지
내 우편에 앉았으라
하셨도다
하였느니라
44 그런즉 다윗이 그리스도
를 주라 칭하였으니 어찌
그의 자손이 되겠느냐 하
시니라

서기관들을 삼가라

45 모든 백성이 들을 때에
예수께서 그 제자들에게
이르시되
46 긴 옷을 입고 다니는 것
을 원하며 시장에서 문안
받는 것과 회당의 높은

단어설명

그리스도(20:41) '기름부음 받은 자' 라는 뜻으로, 이스라엘 백성을 구원할 자라는 의미.
발등상(20:43) 나무를 상 모양으로 짜 만들어 발을 올려놓는 데 쓰는 가구.
긴 옷(20:46) 서기관들은 다른 사람들과 구별되어 보이기 위해 바닥에 끌릴 정도로 길고 술이 달린 특별한 겉옷을 입었다.

자리와 잔치의 윗자리를
좋아하는 서기관들을 삼
가라
47 그들은 과부의 가산을 삼
키며 외식으로 길게 기도
하니 그들이 더 엄중한
심판을 받으리라 하시니
라

21 십자가 고난을 사흘 앞두고 예수님께서 하신 이 말씀은 일차적으로는 예루살렘의 멸망을, 궁극적으로는 마지막 날의 심판을 염두에 둔 것입니다. 주님은 종말의 때와 현상보다는 그 날을 준비하는 성도의 자세를 강조하십니다. 영적으로 깨어 기도하라고 말씀하십니다.

가난한 과부의 헌금

1 예수께서 눈을 들어 부자
들이 헌금함에 헌금 넣는
것을 보시고
2 또 어떤 가난한 과부가
두 렙돈 넣는 것을 보시
고
3 이르시되 내가 참으로
너희에게 말하노니 이
가난한 과부가 다른 모
든 사람보다 많이 넣었
도다
4 저들은 그 풍족한 중에서
헌금을 넣었거니와 이 과
부는 그 가난한 중에서
자기가 가지고 있는 생활
비 전부를 넣었느니라 하
시니라

단어설명

가산(20:47) 한 집안의 재산.
헌금함(21:1) 성전의 뜰에는 나팔 모양의 헌금함이 열세 개 놓여있었다. 부자들이 금•은 동전을 많이 쏟아부으면 요란한 소리가 났다.
렙돈(21:2) 동으로 만든 가장 낮은 가치의 동전이다. 한 렙돈은 한 데나리온의 1/64다.

성전이 무너뜨려질 것을 이르시다

5 어떤 사람들이 성전을 가
리켜 그 아름다운 돌과
헌물로 꾸민 것을 말하매
예수께서 이르시되
6 너희 보는 이것들이 날이
이르면 돌 하나도 돌 위
에 남지 않고 다 무너뜨
려지리라
7 그들이 물어 이르되 선생
님이여 그러면 어느 때에
이런 일이 있겠사오며 이
런 일이 일어나려 할 때
에 무슨 징조가 있사오리
이까
8 이르시되 미혹을 받지 않
도록 주의하라 많은 사람
이 내 이름으로 와서 이
르되 내가 그라 하며 때
가 가까이 왔다 하겠으나
그들을 따르지 말라
9 난리와 소요의 소문을 들
을 때에 두려워하지 말라
이 일이 먼저 있어야 하
되 끝은 곧 되지 아니하
리라

환난의 징조

10 또 이르시되 민족이 민족
을, 나라가 나라를 대적
하여 일어나겠고

단어설명

돌 하나도 돌 위에 남지 않고(21:6) 완전한 파괴를 묘사한 말이다.
이런 일(21:7) 예루살렘 성전 파괴와 더불어 마지막 때에 일어날 일들을 가리킨다.
징조(21:7) 어떤 일이 생길 기미.
소요(21:9) 여럿이 떠들썩하게 들고일어남. 또는 그런 술렁거림과 소란.

11 곳곳에 큰 지진과 기근과
전염병이 있겠고 또 무서
운 일과 하늘로부터 큰
징조들이 있으리라
12 이 모든 일 전에 내 이름
으로 말미암아 너희에게
손을 대어 박해하며 회당
과 옥에 넘겨주며 임금들
과 집권자들 앞에 끌어
가려니와
13 이 일이 도리어 너희에게
증거가 되리라
14 그러므로 너희는 변명할
것을 미리 궁리하지 않도
록 명심하라
15 내가 너희의 모든 대적이
능히 대항하거나 변박할
수 없는 구변과 지혜를
너희에게 주리라
16 심지어 부모와 형제와 친
척과 벗이 너희를 넘겨주
어 너희 중의 몇을 죽이
게 하겠고
17 또 너희가 내 이름으로
말미암아 모든 사람에게
미움을 받을 것이나
18 너희 머리털 하나도 상하
지 아니하리라
19 너희의 인내로 너희 영혼
을 얻으리라

단어설명

박해(21:12) 못살게 굴고 괴롭히며 해를 끼치는 것.
집권자(21:12) 권세나 정권을 잡고 있는 사람.
변박(21:15) 옳고 그름을 가리어 논박함.
머리털 하나도(21:18) 성도들을 향한 하나님의 절대적인 보호를 뜻한다.

예루살렘의 환난과 인자의 오심

20 너희가 예루살렘이 군대
들에게 에워싸이는 것을
보거든 그 멸망이 가까운
줄을 알라
21 그때에 유대에 있는 자들
은 산으로 도망갈 것이며
성내에 있는 자들은 나갈
것이며 촌에 있는 자들은
그리로 들어가지 말지어
다
22 이날들은 기록된 모든 것
을 이루는 징벌의 날이니
라
23 그날에는 아이 밴 자들과
젖먹이는 자들에게 화가
있으리니 이는 땅에 큰
환난과 이 백성에게 진노
가 있겠음이로다
24 그들이 칼날에 죽임을 당
하며 모든 이방에 사로잡
혀 가겠고 예루살렘은 이
방인의 때가 차기까지 이
방인들에게 밟히리라
25 일월 성신에는 징조가 있
겠고 땅에서는 민족들이
바다와 파도의 성난 소리
로 인하여 혼란한 중에
곤고하리라
26 사람들이 세상에 임할 일

단어설명

산으로(21:21) 유대의 산에는 숨을 수 있는 동굴이 있었기 때문에 전쟁 때에 산으로 도망하는 일이 흔했다.
징벌(21:22) 옳지 아니한 일을 하거나 죄를 지은 데 대하여 벌을 줌. 또는 그 벌.
환난(21:23) 근심과 재난. 그리스도인들이 예수님을 믿어 세상에서 겪게 되는 어려움과 괴롭힘을 말한다.
일월성신(21:25) 해와 달과 별을 통틀어 이르는 말.

을 생각하고 무서워하므
로 기절하리니 이는 하늘
의 권능들이 흔들리겠음
이라
27 그때에 사람들이 인자가
구름을 타고 능력과 큰
영광으로 오는 것을 보리
라
28 이런 일이 되기를 시작하
거든 일어나 머리를 들라
너희 속량이 가까웠느니
라 하시더라

무화과나무에서 배울 교훈

29 이에 비유로 이르시되 무
화과나무와 모든 나무를
보라
30 싹이 나면 너희가 보고
여름이 가까운 줄을 자연
히 아나니
31 이와 같이 너희가 이런
일이 일어나는 것을 보거
든 하나님의 나라가 가까
이 온 줄을 알라
32 내가 진실로 너희에게 말
하노니 이 세대가 지나가
기 전에 모든 일이 다 이
루어지리라
33 천지는 없어지겠으나 내
말은 없어지지 아니하리
라

단어설명

구름(21:27) 하나님의 임재나 영광스러움을 상징한다.
속량(21:28) '몸값을 받고 놓아주다' 라는 뜻으로, 예수님이 인간의 죄값을 대신 치르심으로, 그들을 구원하신 것을 의미한다.
무화과나무(21:29) 유대에서 무화과나무는 잎사귀와 열매의 변화로 계절의 변화를 알려주는 역할을 했다.

항상 기도하며 깨어 있으라

34 너희는 스스로 조심하라
그렇지 않으면 방탕함과
술취함과 생활의 염려로
마음이 둔하여지고 뜻밖
에 그날이 덫과 같이 너
희에게 임하리라
35 이날은 온 지구상에 거하는
모든 사람에게 임하리라
36 이러므로 너희는 장차 올
이 모든 일을 능히 피하
고 인자 앞에 서도록 항
상 기도하며 깨어 있으라
하시니라
37 예수께서 낮에는 성전에
서 가르치시고 밤에는 나
가 감람원이라 하는 산에
서 쉬시니
38 모든 백성이 그 말씀을
들으려고 이른 아침에 성
전에 나아가더라

22

유월절이 되자 종교지도자들이 예수님을 죽일 계획을 세웁니다. 유다의 배반부터 산헤드린 공회에서 재판을 받기까지의 예수님의 행적이 그려집니다. 자신을 속죄양으로 드려 온 인류를 구원하실 예수님은 제자들과 최후의 만찬을 하시고, 겟세마네 동산에서 기도하십니다.

유다가 배반하다

1 유월절이라 하는 무교절
이 다가오매
2 대제사장들과 서기관들
이 예수를 무슨 방도로

단어설명

방탕(21:34) 마음이 들떠 갈피를 잡을 수 없다.
그날이 덫과 같이(21:34) 하나님 나라를 기다리는 그리스도인들에게 예수님이 다시 오시는 날은 축제가 될 것이나 세상의 즐거움에 빠져있거나 하나님을 잊고 살았던 사람들에게는 재앙이 될 것이다.
무교절(22:1) 유월절 다음날부터 일주일을 말한다. 이때 유대인들은 누룩을 넣지 않은 떡을 먹었다.

죽일까 궁리하니 이는 그
들이 백성을 두려워함이
더라
3 열둘 중의 하나인 가룟인
이라 부르는 유다에게 사
탄이 들어가니
4 이에 유다가 대제사장들
과 성전 경비대장들에게
가서 예수를 넘겨줄 방도
를 의논하매
5 그들이 기뻐하여 돈을 주
기로 언약하는지라
6 유다가 허락하고 예수를
무리가 없을 때에 넘겨줄
기회를 찾더라

유월절을 준비하다

7 유월절 양을 잡을 무교절
날이 이른지라
8 예수께서 베드로와 요한
을 보내시며 이르시되 가
서 우리를 위하여 유월절
을 준비하여 우리로 먹게
하라
9 여짜오되 어디서 준비하
기를 원하시나이까
10 이르시되 보라 너희가 성
내로 들어가면 물 한 동
이를 가지고 가는 사람을
만나리니 그가 들어가는
집으로 따라 들어가서

단어설명

궁리(22:2) 마음속으로 이리저리 따져 깊이 생각함. 또는 그런 생각.
사탄이 들어가니(22:3) 유다가 마귀의 통제를 받게 되었음을 뜻한다.
유월절 양(22:7) 유월절에 양을 잡아 피를 문틀에 바른 것은 예수님의 죽음을 상징하는 것이다. 그래서 예수님은 유월절에 잡히셔서 죽임을 당하셨다.

11 그 집주인에게 이르되
선생님이 네게 하는 말
씀이 내가 내 제자들과
함께 유월절을 먹을 객
실이 어디 있느냐 하시
더라 하라
12 그리하면 그가 자리를 마
련한 큰 다락방을 보이리
니 거기서 준비하라 하시
니
13 그들이 나가 그 하신 말
씀대로 만나 유월절을 준
비하니라

마지막 만찬

14 때가 이르매 예수께서 사
도들과 함께 앉으사
15 이르시되 내가 고난을 받
기 전에 너희와 함께 이
유월절 먹기를 원하고 원
하였노라
16 내가 너희에게 이르노니
이 유월절이 하나님의 나
라에서 이루기까지 다시
먹지 아니하리라 하시고
17 이에 잔을 받으사 감사
기도 하시고 이르시되 이
것을 갖다가 너희끼리 나
누라
18 내가 너희에게 이르노니
내가 이제부터 하나님의

단어설명

유월절을 먹을 객실(22:11) 유월절의 양은 반드시 예루살렘 성 안에서 먹어야했다. 성 안에 사는 사람은 순례자들에게 유월절 식사를 위한 장소를 제공해야 했다.
큰 다락방(22:12) 전승에 의하면 이 방은 마가의 어머니인 마리아의 집에 있는 다락방이다.
사도(22:14) 보냄을 받은 자라는 의미로, 복음을 전파하라고 예수님에 의해 파송을 받은 자들을 말한다.

나라가 임할 때까지 포도
나무에서 난 것을 다시
마시지 아니하리라 하시
고
19 또 떡을 가져 감사 기도
하시고 떼어 그들에게 주
시며 이르시되 이것은 너
희를 위하여 주는 내 몸
이라 너희가 이를 행하여
나를 기념하라 하시고
20 저녁 먹은 후에 잔도 그
와 같이 하여 이르시되
이 잔은 내 피로 세우는
새 언약이니 곧 너희를
위하여 붓는 것이라
21 그러나 보라 나를 파는
자의 손이 나와 함께 상
위에 있도다
22 인자는 이미 작정된 대로
가거니와 그를 파는 그
사람에게는 화가 있으리
로다 하시니
23 그들이 서로 묻되 우리
중에서 이 일을 행할 자
가 누구일까 하더라

베드로가 부인할 것을 이르시다

24 또 그들 사이에 그 중 누
가 크냐 하는 다툼이 난
지라
25 예수께서 이르시되 이방

단어설명

떡(22:19) 예수님 자신을 상징한다. 떡을 떼어 주심은 십자가에서 예수님 자신을 우리에게 내어 주신다는 상징적 의미가 있다.
기념하다(22:19) 어떤 뜻깊은 일이나 훌륭한 인물 등을 오래도록 잊지 아니하고 마음에 간직하다.
새 언약(22:20) 구약에서 언약을 맺을 때 피를 뿌린 것처럼, 예수님의 피로 새로운 언약이 맺어짐을 뜻한다.

인의 임금들은 그들을 주
관하며 그 집권자들은 은
인이라 칭함을 받으나
26 너희는 그렇지 않을지니
너희 중에 큰 자는 젊은
자와 같고 다스리는 자
는 섬기는 자와 같을지
니라
27 앉아서 먹는 자가 크냐
섬기는 자가 크냐 앉아서
먹는 자가 아니냐 그러나
나는 섬기는 자로 너희
중에 있노라
28 너희는 나의 모든 시험
중에 항상 나와 함께한
자들인즉
29 내 아버지께서 나라를 내
게 맡기신 것같이 나도
너희에게 맡겨
30 너희로 내 나라에 있어
내 상에서 먹고 마시며
또는 보좌에 앉아 이스라
엘 열두 지파를 다스리게
하려 하노라
31 시몬아, 시몬아, 보라 사
탄이 너희를 밀 까부르듯
하려고 요구하였으나
32 그러나 내가 너를 위하여
네 믿음이 떨어지지 않기
를 기도하였노니 너는 돌

단어설명

큰 자, 젊은 자(22:26) 각각 가장 높은 사람, 가장 낮은 사람을 뜻한다.
보좌(22:30) 권세와 위엄을 상징하는 자리.
이스라엘 열두 지파(22:30) 이스라엘 민족이 아니라 구원받은 새 이스라엘을 말한다.
까부르다(22:31) 체를 흔들어 치다. 알곡과 쭉정이를 분리하려고 흔드는 것이다.

이긴 후에 네 형제를 굳
게 하라
33 그가 말하되 주여 내가
주와 함께 옥에도, 죽는
데에도 가기를 각오하였
나이다
34 이르시되 베드로야 내가
네게 말하노니 오늘 닭
울기 전에 네가 세 번 나
를 모른다고 부인하리라
하시니라

전대와 배낭과 검

35 그들에게 이르시되 내가
너희를 전대와 배낭과 신
발도 없이 보내었을 때에
부족한 것이 있더냐 이르
되 없었나이다
36 이르시되 이제는 전대 있
는 자는 가질 것이요 배
낭도 그리하고 검 없는
자는 겉옷을 팔아 살지어
다
37 내가 너희에게 말하노니
기록된 바 그는 불법자의
동류로 여김을 받았다 한
말이 내게 이루어져야 하
리니 내게 관한 일이 이
루어져 감이니라
38 그들이 여짜오되 주여 보
소서 여기 검 둘이 있나

단어설명

부인하다(22:34) 어떤 내용이나 사실을 옳거나 그러하다고 인정하지 아니하다.
전대(22:35) 돈이나 물건을 넣어 허리에 매거나 어깨에 두르기 편하도록 만든 자루.
동류(22:37) 같은 무리.
족하다(22:38) 모자람이 없다고 여겨 더 바라는 바가 없다.

이다 대답하시되 족하다
하시니라

감람산에서 기도하시다

39 예수께서 나가사 습관을
따라 감람산에 가시매 제
자들도 따라갔더니
40 그곳에 이르러 그들에게
이르시되 유혹에 빠지지
않게 기도하라 하시고
41 그들을 떠나 돌 던질 만
큼 가서 무릎을 꿇고 기
도하여
42 이르시되 아버지여 만일
아버지의 뜻이거든 이 잔
을 내게서 옮기시옵소서
그러나 내 원대로 마시옵
고 아버지의 원대로 되기
를 원하나이다 하시니
43 천사가 하늘로부터 예수
께 나타나 힘을 더하더라
44 예수께서 힘쓰고 애써 더
욱 간절히 기도하시니 땀
이 땅에 떨어지는 핏방울
같이 되더라
45 기도 후에 일어나 제자들
에게 가서 슬픔으로 인하
여 잠든 것을 보시고
46 이르시되 어찌하여 자느
냐 시험에 들지 않게 일
어나 기도하라 하시니라

단어설명

감람산(22:39) 예수님께서 자주 기도하러 가시던 예루살렘 동쪽 산으로 '올리브 산' 이라고도 한다.
이 잔(22:42) 주님이 지셔야하는 고난과 십자가를 상징한다. 예수님은 그것이 지나가기를 구했으나 모든 결정을 하나님께 맡기는 순종의 자세를 보이신다.
시험(22:46) 죄에 대한 유혹이나 하나님을 거역하게 만들려는 유혹.

잡히시다

47 말씀하실 때에 한 무리가
오는데 열둘 중의 하나인
유다라 하는 자가 그들을
앞장서 와서
48 예수께 입을 맞추려고 가
까이 하는지라 예수께서
이르시되 유다야 네가 입
맞춤으로 인자를 파느냐
하시니
49 그의 주위 사람들이 그
된 일을 보고 여짜오되
주여 우리가 칼로 치리이
까 하고
50 그 중의 한 사람이 대제
사장의 종을 쳐 그 오른
쪽 귀를 떨어뜨린지라
51 예수께서 일러 이르시되
이것까지 참으라 하시고
그 귀를 만져 낫게 하시
더라
52 예수께서 그 잡으러 온
대제사장들과 성전의 경
비대장들과 장로들에게
이르시되 너희가 강도를
잡는 것같이 검과 몽치를
가지고 나왔느냐
53 내가 날마다 너희와 함께
성전에 있을 때에 내게
손을 대지 아니하였도다

단어설명

입맞춤(22:48) 입맞춤은 존경의 표시이자 우정의 표시였다.
그 중의 한 사람(22:50) 요한은 이 제자가 베드로라고 구체적으로 밝히고 있다.
종을 쳐 그 오른쪽 귀를(22:50) 대제사장의 종의 신체가 손상되면 그는 더 이상 그 일을 할 수 없게 된다.
몽치(22:52) 짤막하고 단단한 몽둥이로 옛날에 무기로 사용되었다.

그러나 이제는 너희 때요
어둠의 권세로다 하시더
라

베드로가 예수를 모른다고 하다

54 예수를 잡아 끌고 대제사
장의 집으로 들어갈새 베
드로가 멀찍이 따라가니
라
55 사람들이 뜰 가운데 불을
피우고 함께 앉았는지라
베드로도 그 가운데 앉았
더니
56 한 여종이 베드로의 불빛
을 향하여 앉은 것을 보
고 주목하여 이르되 이
사람도 그와 함께 있었느
니라 하니
57 베드로가 부인하여 이르
되 이 여자여 내가 그를
알지 못하노라 하더라
58 조금 후에 다른 사람이
보고 이르되 너도 그 도
당이라 하거늘 베드로가
이르되 이 사람아 나는
아니로라 하더라
59 한 시간쯤 있다가 또 한
사람이 장담하여 이르되
이는 갈릴리 사람이니 참
으로 그와 함께 있었느니
라

단어설명

대제사장의 집(22:54) 비밀을 지키기 위해 당시 대제사장이었던 가야바의 집에서 모였다.
한 여종(22:56) 대제사장의 집 문을 지키는 일을 하던 여종.
도당(22:58) 불순한 사람의 무리.
장담하다(22:59) 확신을 가지고 아주 자신 있게 말하다.

60 베드로가 이르되 이 사람
아 나는 네가 하는 말을
알지 못하노라고 아직 말
하고 있을 때에 닭이 곧
울더라
61 주께서 돌이켜 베드로를
보시니 베드로가 주의 말
씀 곧 오늘 닭 울기 전에
네가 세 번 나를 부인하
리라 하심이 생각나서
62 밖에 나가서 심히 통곡하
니라

예수를 희롱하고 때리다

63 지키는 사람들이 예수를
희롱하고 때리며
64 그의 눈을 가리고 물어
이르되 선지자 노릇 하라
너를 친 자가 누구냐 하
고
65 이외에도 많은 말로 욕하
더라

공회 앞에 서시다

66 날이 새매 백성의 장로들
곧 대제사장들과 서기관
들이 모여서 예수를 그
공회로 끌어들여
67 이르되 네가 그리스도이
거든 우리에게 말하라 대
답하시되 내가 말할지라
도 너희가 믿지 아니할

단어설명

선지자 노릇(22:64) 랍비들은 이사야 11장 2-4절 말씀에 대해 메시아라면 눈으로 보지 않고 냄새만으로도 판단 할 수 있다고 해석했다.

너를 친 자가 누구냐(22:64) 눈을 가리고 때리면서 그를 친 자가 누구인지 맞히라고 말하는 것은 메시아를 판단하는 유대인의 전통적인 관습이었다.

것이요
68 내가 물어도 너희가 대답
하지 아니할 것이니라
69 그러나 이제부터는 인자
가 하나님의 권능의 우
편에 앉아 있으리라 하
시니
70 다 이르되 그러면 네가
하나님의 아들이냐 대답
하시되 너희들이 내가 그
라고 말하고 있느니라
71 그들이 이르되 어찌 더
증거를 요구하리요 우리
가 친히 그 입에서 들었
노라 하더라

23

예수님께서 십자가형을 선고받고, 못 박혀 돌아가신 후 무덤에 장사되시기까지의 기록입니다. 예수님은 부당한 재판과 핍박 속에서도 끝까지 십자가의 길을 묵묵히 걸어가셨습니다. 재판과 심문을 비롯한 모든 과정에서 예수님은 의지와 인내로 순종하셨습니다.

빌라도가 예수께 묻다

1 무리가 다 일어나 예수를
빌라도에게 끌고 가서
2 고발하여 이르되 우리가
이 사람을 보매 우리 백
성을 미혹하고 가이사에
게 세금 바치는 것을 금
하며 자칭 왕 그리스도라
하더이다 하니
3 빌라도가 예수께 물어 이
르되 네가 유대인의 왕이

단어설명

빌라도(23:1) 본디오 빌라도는 A.D. 26-36년까지 유다에 파견된 로마의 총독이었다. 공회는 사형을 집행할 권한이 없었기 때문에 총독에게 예수님을 데려갔다.
유대인의 왕(23:3) 빌라도는 정치적인 차원에서 '왕' 이냐고 물었으나 예수님은 영적인 차원에서 '왕' 이라고 대답하셨다.

나 대답하여 이르시되 네
말이 옳도다
4 빌라도가 대제사장들과
무리에게 이르되 내가 보
니 이 사람에게 죄가 없
도다 하니
5 무리가 더욱 강하게 말하
되 그가 온 유대에서 가
르치고 갈릴리에서부터
시작하여 여기까지 와서
백성을 소동하게 하나이
다
6 빌라도가 듣고 그가 갈릴
리 사람이냐 물어
7 헤롯의 관할에 속한 줄을
알고 헤롯에게 보내니 그
때에 헤롯이 예루살렘에
있더라

헤롯 앞에 서시다

8 헤롯이 예수를 보고 매우
기뻐하니 이는 그의 소문
을 들었으므로 보고자 한
지 오래였고 또한 무엇이
나 이적 행하심을 볼까
바랐던 연고러라
9 여러 말로 물으나 아무
말도 대답하지 아니하시
니
10 대제사장들과 서기관들
이 서서 힘써 고발하더라

단어설명

소동하다(23:5) 사람들이 놀라거나 흥분하여 시끄럽게 법석거리고 떠들어 대다.
관할(23:7) 일정한 권한을 가지고 통제하거나 지배함. 또는 그런 지배가 미치는 범위.
헤롯이…매우 기뻐하니(23:8) 헤롯은 예수님이 살아난 세례 요한이라는 소문을 듣고 예수님을 만나고 싶어했다. 예수님의 기적을 직접 보고싶은 호기심이 생긴 것이다.

11 헤롯이 그 군인들과 함께
예수를 업신여기며 희롱
하고 빛난 옷을 입혀 빌
라도에게 도로 보내니
12 헤롯과 빌라도가 전에는
원수였으나 당일에 서로
친구가 되니라

십자가에 못 박히게 예수를 넘기다

13 빌라도가 대제사장들과
관리들과 백성을 불러 모
으고
14 이르되 너희가 이 사람이
백성을 미혹하는 자라 하
여 내게 끌고 왔도다 보
라 내가 너희 앞에서 심
문하였으되 너희가 고발
하는 일에 대하여 이 사
람에게서 죄를 찾지 못하
였고
15 헤롯이 또한 그렇게 하여
그를 우리에게 도로 보내
었도다 보라 그가 행한
일에는 죽일 일이 없느니
라
16 그러므로 때려서 놓겠노
라
17 (없음)
18 무리가 일제히 소리 질러
이르되 이 사람을 없이하
고 바라바를 우리에게 놓

단어설명

빛난 옷(23:11) 왕이 입는 옷을 말한다. 곧 예수님을 왕으로 가장하고 모욕을 준 것이다.
미혹(23:14) 무엇에 홀려 정신을 차리지 못함.
고발(23:14) 잘 알려지지 않은 잘못이나 비리 따위를 드러내어 알림.
바라바(23:18) 민란과 살인죄를 지어 감옥에 갇힌 유명한 죄수였다.

아 주소서 하니
19 이 바라바는 성중에서
일어난 민란과 살인으로
말미암아 옥에 갇힌 자
러라
20 빌라도는 예수를 놓고자
하여 다시 그들에게 말하
되
21 그들은 소리 질러 이르되
그를 십자가에 못 박게
하소서 십자가에 못 박게
하소서 하는지라
22 빌라도가 세 번째 말하되
이 사람이 무슨 악한 일
을 하였느냐 나는 그에게
서 죽일 죄를 찾지 못하
였나니 때려서 놓으리라
하니
23 그들이 큰 소리로 재촉하
여 십자가에 못 박기를
구하니 그들의 소리가 이
긴지라
24 이에 빌라도가 그들이 구
하는 대로 하기를 언도하
고
25 그들이 요구하는 자 곧
민란과 살인으로 말미암
아 옥에 갇힌 자를 놓아
주고 예수는 넘겨주어 그
들의 뜻대로 하게 하니라

단어설명

십자가에 못 박게(23:21) 십자가 형벌은 심각한 범죄를 저지른 사람이나 반역자와 같은 극악한 죄수에게 내리는 잔인한 형벌이었다. 예수님과 제자들을 완전히 제압하려는 당시 종교지도자들의 의도가 깔린 요구였다.

재촉하다(23:23) 어떤 일을 빨리 하도록 조르다.

십자가에 못 박히시다

26 그들이 예수를 끌고 갈
때에 시몬이라는 구레네
사람이 시골에서 오는 것
을 붙들어 그에게 십자가
를 지워 예수를 따르게
하더라
27 또 백성과 및 그를 위하
여 가슴을 치며 슬피 우
는 여자의 큰 무리가 따
라오는지라
28 예수께서 돌이켜 그들을
향하여 이르시되 예루살
렘의 딸들아 나를 위하여
울지 말고 너희와 너희
자녀를 위하여 울라
29 보라 날이 이르면 사람이
말하기를 잉태하지 못하
는 이와 해산하지 못한
배와 먹이지 못한 젖이
복이 있다 하리라
30 그때에 사람이 산들을 대
하여 우리 위에 무너지라
하며 작은 산들을 대하여
우리를 덮으라 하리라
31 푸른 나무에도 이같이 하
거든 마른 나무에는 어떻
게 되리요 하시니라
32 또 다른 두 행악자도 사
형을 받게 되어 예수와

단어설명

그에게 십자가를 지워(23:26) 당시 십자가형을 당하는 죄수는 자신이 매달릴 십자가의 가로대를 직접 옮겨야했다. 그러나 예수님은 너무 기진하여 십자가를 옮길 힘도 없으셨다.
해산(23:29) 아이를 낳음.
푸른 나무, 마른 나무(23:31) '푸른 나무'는 예수님을, '마른 나무'는 이스라엘을 비유한다.

함께 끌려가니라
33 해골이라 하는 곳에 이르
러 거기서 예수를 십자가
에 못 박고 두 행악자도
그렇게 하니 하나는 우편
에, 하나는 좌편에 있더라
34 이에 예수께서 이르시되
아버지 저들을 사하여 주
옵소서 자기들이 하는 것
을 알지 못함이니이다 하
시더라 그들이 그의 옷을
나눠 제비 뽑을새
35 백성은 서서 구경하는데
관리들은 비웃어 이르되
저가 남을 구원하였으니
만일 하나님이 택하신 자
그리스도이면 자신도 구
원할지어다 하고
36 군인들도 희롱하면서 나
아와 신 포도주를 주며
37 이르되 네가 만일 유대인
의 왕이면 네가 너를 구
원하라 하더라
38 그의 위에 이는 유대인의
왕이라 쓴 패가 있더라
39 달린 행악자 중 하나는
비방하여 이르되 네가 그
리스도가 아니냐 너와 우
리를 구원하라 하되
40 하나는 그 사람을 꾸짖어

단어설명

해골(23:33) 히브리어로는 '골고다'로, 라틴어로는 '갈바리움'으로 번역되어 갈보리라는 지명으로 알려진 성 밖의 처형장이다. 산 모양이 해골처럼 생겼기에 붙여진 이름이다.
제비 뽑을새(23:34) 죄수의 옷은 사형 집행자의 소유가 되었다.
신 포도주(23:36) 신 포도주는 로마 군인들이 마시는 술로 사형수의 고통을 덜어주기 위해 주는 것이다.

이르되 네가 동일한 정죄
를 받고서도 하나님을 두
려워하지 아니하느냐
41 우리는 우리가 행한 일에
상당한 보응을 받는 것이
니 이에 당연하거니와 이
사람이 행한 것은 옳지
않은 것이 없느니라 하고
42 이르되 예수여 당신의 나
라에 임하실 때에 나를
기억하소서 하니
43 예수께서 이르시되 내가
진실로 네게 이르노니 오
늘 네가 나와 함께 낙원
에 있으리라 하시니라

숨지시다

44 때가 제육시쯤 되어 해
가 빛을 잃고 온 땅에 어
둠이 임하여 제구시까지
계속하며
45 성소의 휘장이 한가운데
가 찢어지더라
46 예수께서 큰 소리로 불러
이르시되 아버지 내 영혼
을 아버지 손에 부탁하나
이다 하고 이 말씀을 하
신 후 숨지시니라
47 백부장이 그 된 일을 보
고 하나님께 영광을 돌려
이르되 이 사람은 정녕

단어설명

제육시, 제구시(23:44) 제육시는 정오경, 제구시는 오후 3시경.
성소 휘장(23:45) 성전에서 성소와 지성소를 구분하는 두꺼운 천으로 지성소는 1년에 한 번 대제사장만 들어갈 수 있었다. 휘장이 위로부터 갈라진 것은 예수님의 죽음을 통해 모든 죄인이 하나님 앞에 나아갈 수 있도록 하나님이 친히 길을 만드신 것을 의미한다.

의인이었도다 하고
48 이를 구경하러 모인 무리
도 그 된 일을 보고 다 가
슴을 치며 돌아가고
49 예수를 아는 자들과 갈릴
리로부터 따라온 여자들
도 다 멀리 서서 이 일을
보니라

요셉이 예수의 시체를 무덤에 넣어두다

50 공회 의원으로 선하고 의
로운 요셉이라 하는 사람
이 있으니
51 (그들의 결의와 행사에
찬성하지 아니한 자라)
그는 유대인의 동네 아리
마대 사람이요 하나님의
나라를 기다리는 자라
52 그가 빌라도에게 가서 예
수의 시체를 달라 하여
53 이를 내려 세마포로 싸고
아직 사람을 장사한 일이
없는 바위에 판 무덤에
넣어두니
54 이날은 준비일이요 안식
일이 거의 되었더라
55 갈릴리에서 예수와 함께
온 여자들이 뒤를 따라
그 무덤과 그의 시체를
어떻게 두었는지를 보고
56 돌아가 향품과 향유를 준

단어설명

요셉(23:50) 아리마대 출신의 부자로 선하고 의로운 사람이었다. 공회가 예수님을 죽이려 할 때 반대했다.
결의(23:51) 뜻을 정하여 굳게 마음을 먹음. 또는 그런 마음.
세마포(23:53) 삼 껍질에서 뽑아낸 가는 실로 곱게 짠 베.
준비일(23:54) 이튿날은 안식일인 토요일이었다. 금요일은 안식일의 준비일이었다.

비하더라

살아나시다

계명을 따라 안식일에 쉬
더라

24

부활하신 예수님께서 엠마오로 가는 두 제자를 비롯해 낙망과 불신앙에 빠진 제자들을 위로하십니다. 제자들은 복음을 전하는 일에 집중할 힘을 얻습니다. 모든 말씀을 마치신 예수님께서는 하늘로 올라가셨고, 그분의 성령을 통해 오늘도 우리와 함께 하십니다.

1 안식 후 첫날 새벽에 이
여자들이 그 준비한 향품
을 가지고 무덤에 가서
2 돌이 무덤에서 굴려 옮겨
진 것을 보고
3 들어가니 주 예수의 시체
가 보이지 아니하더라
4 이로 인하여 근심할 때에
문득 찬란한 옷을 입은
두 사람이 곁에 섰는지라
5 여자들이 두려워 얼굴을
땅에 대니 두 사람이 이
르되 어찌하여 살아있는
자를 죽은 자 가운데서
찾느냐
6 여기 계시지 않고 살아나
셨느니라 갈릴리에 계실
때에 너희에게 어떻게 말
씀하셨는지를 기억하라
7 이르시기를 인자가 죄인
의 손에 넘겨져 십자가에
못 박히고 제삼 일에 다

단어설명

향품(24:1) 시체를 방부 처리하고, 무덤의 냄새를 없애기 위해 사용하는 향료.
돌이 무덤에서(24:2) 당시에는 무덤 입구에 큰 돌을 굴려 막아두었다. 돌은 지진과 함께 천사들이 임할 때 옮겨진 것이다.
찬란한 옷을 입은 두 사람(24:4) 찬란한 옷은 이들이 하늘에서 내려온 특별한 존재, 천사임을 표현한다.

시 살아나야 하리라 하셨
느니라 한대
8 그들이 예수의 말씀을 기
억하고
9 무덤에서 돌아가 이 모든
것을 열한 사도와 다른
모든 이에게 알리니
10 (이 여자들은 막달라 마
리아와 요안나와 야고보
의 모친 마리아라 또 그
들과 함께한 다른 여자들
도 이것을 사도들에게 알
리니라)
11 사도들은 그들의 말이 허
탄한 듯이 들려 믿지 아
니하나
12 베드로는 일어나 무덤에
달려가서 구부려 들여다
보니 세마포만 보이는지
라 그 된 일을 놀랍게 여
기며 집으로 돌아가니라

엠마오 길에서 제자들에게 나타나시다

13 그날에 그들 중 둘이 예
루살렘에서 이십오 리 되
는 엠마오라 하는 마을로
가면서
14 이 모든 된 일을 서로 이
야기하더라
15 그들이 서로 이야기하며
문의할 때에 예수께서 가

단어설명

막달라 마리아(24:10) 예수께서 일곱 귀신을 쫓아내 주셨던 막달라 태생의 이방 여인. 막달라는 갈릴리 호수 서편 항구인 디베랴의 북서쪽 내지에 있었다.
허탄하다(24:11) 거짓되고 미덥지 아니하다.
세마포(24:12) 삼 껍질에서 뽑아낸 가는 실로 곱게 짠 베.

까이 이르러 그들과 동행
하시나
16 그들의 눈이 가리어져서
그인 줄 알아보지 못하거
늘
17 예수께서 이르시되 너희
가 길 가면서 서로 주고
받고 하는 이야기가 무엇
이냐 하시니 두 사람이
슬픈 빛을 띠고 머물러
서더라
18 그 한 사람인 글로바라
하는 자가 대답하여 이르
되 당신이 예루살렘에 체
류하면서도 요즘 거기서

된 일을 혼자만 알지 못
하느냐
19 이르시되 무슨 일이냐 이
르되 나사렛 예수의 일이
니 그는 하나님과 모든
백성 앞에서 말과 일에
능하신 선지자이거늘
20 우리 대제사장들과 관리
들이 사형 판결에 넘겨주
어 십자가에 못 박았느니
라
21 우리는 이 사람이 이스라
엘을 속량할 자라고 바랐
노라 이뿐 아니라 이 일
이 일어난 지가 사흘째요

단어설명

눈이 가리어져서(24:16) 영적으로 둔하여졌다는 뜻이다.
체류하다(24:18) 객지에 가서 머물러 있다는 뜻으로, 글로바가 예수님이 유월절을 맞아 예루살렘에 다녀온 나그네라고 생각하고 있음이 드러난다.
사흘째(24:21) 안식 후 첫 날, 곧 부활의 날 오후로 추정된다.

22 또한 우리 중에 어떤 여
자들이 우리로 놀라게 하
였으니 이는 그들이 새벽
에 무덤에 갔다가
23 그의 시체는 보지 못하고
와서 그가 살아나셨다 하
는 천사들의 나타남을 보
았다 함이라
24 또 우리와 함께한 자 중
에 두어 사람이 무덤에
가 과연 여자들이 말한
바와 같음을 보았으나 예
수는 보지 못하였느니라
하거늘
25 이르시되 미련하고 선지
자들이 말한 모든 것을
마음에 더디 믿는 자들이
여
26 그리스도가 이런 고난을
받고 자기의 영광에 들어
가야 할 것이 아니냐 하
시고
27 이에 모세와 모든 선지자
의 글로 시작하여 모든
성경에 쓴 바 자기에 관
한 것을 자세히 설명하시니
라
28 그들이 가는 마을에 가까
이 가매 예수는 더 가려
하는 것같이 하시니

단어설명

미련하다(24:25) 터무니없는 고집을 부릴 정도로 매우 어리석고 둔하다.
선지자(24:25) 하나님의 계시로 닥쳐올 일을 미리 알아 백성들에게 전하고 인도하는 사람.
모세와 모든 선지자의 글(24:27) 유대인들이 구약을 가리키는 표현법 중 하나이다. 예수님은 구약 성경 전체가 예수님의 죽음과 부활을 설명하고 있음을 강조하셨다.

29 그들이 강권하여 이르되
우리와 함께 유하사이다
때가 저물어가고 날이 이
미 기울었나이다 하니 이
에 그들과 함께 유하러
들어가시니라
30 그들과 함께 음식 잡수실
때에 떡을 가지사 축사하
시고 떼어 그들에게 주시
니
31 그들의 눈이 밝아져 그인
줄 알아 보더니 예수는
그들에게 보이지 아니하
시는지라
32 그들이 서로 말하되 길에
서 우리에게 말씀하시고
우리에게 성경을 풀어 주
실 때에 우리 속에서 마
음이 뜨겁지 아니하더냐
하고
33 곧 그때로 일어나 예루살
렘에 돌아가 보니 열한
제자 및 그들과 함께한
자들이 모여 있어
34 말하기를 주께서 과연 살
아나시고 시몬에게 보이
셨다 하는지라
35 두 사람도 길에서 된 일
과 예수께서 떡을 떼심으
로 자기들에게 알려지신

단어설명

강권하다(24:29) 내키지 않아하는 것을 강하게 권하다.
축사(24:30) 축복하며 감사하다.
눈이 밝아져(24:31) 영적인 눈이 열렸다는 의미이다.
열한 제자(24:33) 실제로 열한 명이 모였던 것은 아니었다. 제자 무리를 가리키는 말이다.

것을 말하더라

열한 제자에게 나타나시다

36 이 말을 할 때에 예수께
서 친히 그들 가운데 서
서 이르시되 너희에게 평
강이 있을지어다 하시니
37 그들이 놀라고 무서워하
여 그 보는 것을 영으로
생각하는지라
38 예수께서 이르시되 어찌
하여 두려워하며 어찌하
여 마음에 의심이 일어나
느냐
39 내 손과 발을 보고 나인
줄 알라 또 나를 만져 보
라 영은 살과 뼈가 없으
되 너희 보는 바와 같이
나는 있느니라
40 이 말씀을 하시고 손과
발을 보이시나
41 그들이 너무 기쁘므로 아
직도 믿지 못하고 놀랍게
여길 때에 이르시되 여기
무슨 먹을 것이 있느냐
하시니
42 이에 구운 생선 한 토막
을 드리니
43 받으사 그 앞에서 잡수시
더라
44 또 이르시되 내가 너희와

단어설명

평강이 있을지어다(24:36) 히브리어 '샬롬' 이라는 인사는 일상적인 표현이나 예수님이 이렇게 인사하신 것은 주님의 부활을 통해 악이 패배하고 하나님의 백성에게 평화가 임했음을 알려주시기 위함이다.

나를 만져 보라(24:39) 예수님은 자신이 영이나 환상이 아니라 살과 뼈가 있는 몸을 가지고 살아나셨음을 강조하시려고 자신을 만져보라고 하셨다.

함께 있을 때에 너희에게
말한 바 곧 모세의 율법
과 선지자의 글과 시편에
나를 가리켜 기록된 모든
것이 이루어져야 하리라
한 말이 이것이라 하시고
45 이에 그들의 마음을 열어
성경을 깨닫게 하시고
46 또 이르시되 이같이 그리
스도가 고난을 받고 제삼
일에 죽은 자 가운데서
살아날 것과
47 또 그의 이름으로 죄 사
함을 받게 하는 회개가
예루살렘에서 시작하여
모든 족속에게 전파될 것
이 기록되었으니
48 너희는 이 모든 일의 증
인이라
49 볼지어다 내가 내 아버지
께서 약속하신 것을 너희
에게 보내리니 너희는 위
로부터 능력으로 입혀질
때까지 이 성에 머물라
하시니라

하늘로 올려지시다

50 예수께서 그들을 데리고
베다니 앞까지 나가사 손
을 들어 그들에게 축복하
시더니

단어설명

회개(24:47) 잘못을 완전히 뉘우치며 하나님의 뜻대로 살고자 돌이키는 것이다.
모든 족속에게 전파(24:47) 족속은 같은 가문, 겨레, 민족처럼 한 계통을 따라 형성된 집단을 말한다. 예수님은 온 세계 모든 사람들에게 복음과 회개의 메시지가 전파될 것을 말씀하신다.
내 아버지께서 약속하신 것(24:49) 성령님을 뜻한다.

51 축복하실 때에 그들을 떠
나 하늘로 올려지시니
52 그들이 그에게 경배하고
큰 기쁨으로 예루살렘에
돌아가
53 늘 성전에서 하나님을 찬
송하니라

단어설명

베다니 앞(24:50) 예수님이 승천하신 장소는 올리브 산으로, 예수님이 평소에 자주 기도하러 오시던 곳이었다. 베다니는 올리브 산기슭에 있는 동네다.

하늘로 올려지시니(24:51) 제자들은 더 이상 예수님의 부활을 의심 할 수 없었다. 이제 예수님은 하나님처럼 제자들이 예배하는 대상이 되신다.

MEMO

MEMO

온 가족이 함께하는
누가복음 따라쓰기

펴낸날 초판 1쇄 발행 2015년 9월 9일
초판 2쇄 발행 2020년 9월 25일

펴낸이 곽성종
펴낸곳 (주)아가페출판사
등록 제21-754호(1995년 4월 12일)
편집 손정민
디자인 아이수북

주소 (06698) 서울시 서초구 효령로 8길 5 (방배동)
전화 584-4835(본사) 522-5148(편집부)
팩스 586-3078(본사) 586-3088(편집부)
홈페이지 www.iagape.co.kr

ISBN 978-89-537-9622-5 (03230)

이 도서의 국립중앙도서관 출판예정도서목록(CIP)은 서지정보유통지원시스템 홈페이지(http://seoji.nl.go.kr)와
국가자료공동목록시스템(http://www.nl.go.kr/kolisnet)에서 이용하실 수 있습니다. (CIP제어번호 : CIP2015023753)

아가페 출판사

온 가족이 함께하는
아가페 개역개정 따라쓰기 시리즈

말씀을 따라쓰며 만나는 새로운 은혜!

온 가족이 함께하는 **사복음서**

▲ 마태복음 | 168면

▲ 마가복음 | 112면

▲ 누가복음 | 184면

▲ 요한복음 | 136면

온 가족이 함께하는 **시편, 잠언, 로마서&옥중서신**

▲ 시편 | 88면

▲ 잠언 | 112면

▲ 로마서&옥중서신 | 120면

어린이가 꼭 알아야할
요절말씀 따라쓰기도 있어요!

요절말씀 따라쓰기 | 112면 ▶

* 자세한 내용은 아가페 홈페이지를 참고하세요.

www.iagape.co.kr [주]아가페출판사

어린이도 마음에 새기는 하나님 말씀

아가페 쉬운성경 따라쓰기 시리즈

쉬운성경 잠언·요한복음 따라쓰기

▲ 쉬운성경 잠언 따라쓰기 | 112면

▲ 쉬운성경 요한복음 따라쓰기 | 160면

말씀이 어려운 아이들에게 추천!

아가페 쉬운성경으로

하나님의 말씀을 써보세요.

* 자세한 내용은 아가페 홈페이지를 참고하세요.